U0136188

當代台灣佛教發展趨勢

釋永東 著

蘭臺出版社

本書《當代台灣佛教發展趨勢》結集了筆者過去四年，分別在台灣真理大學和佛光大學、香港中文大學和澳門大學、與北京民族大學等兩岸四地，以及越南胡治民市發表過的七篇研討會論文：第一篇〈佛教的社會理論和當前危機探討〉；第二篇〈礁溪協天廟圓醮與佛光山水陸法會社會教化意義之比較研究〉；第三篇〈佛光山佛事革新與人間佛教的實踐〉；第四篇〈社區大學與佛光山人間佛教在台灣的現代發展〉；第五篇〈佛光山比丘尼領導力之養成研究〉；第六篇〈佛教譬喻的詮釋與現代運用—以《佛說鹹水喻經》為例〉；第七篇〈祈禱對大學生之療癒功能探討〉。

　　本書編排構想是：首先探討佛教的社會理論和佛教當前面臨的危機，再依序探討當代台灣佛教為因應這些危機，在法會儀式、社會教化、僧伽教育和應用在學校教育等多方面的改變與革新。

　　第一篇〈佛教的社會理論和當前危機探討〉，為筆者二○○六年底於香港中文大學人間佛教研究中心主辦的「台海四地人間佛教學術研討會」所發表的論文。旨在闡述佛教自釋迦牟尼佛創立迄今，兩千六百多年的傳佈過程中，經歷了各種衝激和變革後，形成了各具特色的區域性或國家性的佛教。然而，不管是那一種因緣引發佛教的改變，其原因都和社會息息相關。而社會的定義是什麼？社會和宗教又有什麼關係？佛教的社會理論為何？和一般社會理論有何差異？

佛教的社會理論從佛陀創教至今都一成不變嗎？佛教和社會
的關係既然密不可分，如今全球出現了嚴重少子化的社會現
象，佛教在弘法度眾上是否面臨了新的預見危機？佛教團體
要如何應變？上述問題即是本文主要探討內容。

　　第二篇〈礁溪協天廟圓醮與佛光山水陸法會社會教化
意義之比較研究〉，起因於筆者二○○六年八月從美國返台
任教於佛光大學，對台灣的各種宗教現象極感興趣與好奇。
二○○八年十二月六日帶領選修「宗教研究與田野調查」的
學生，親至宜蘭礁溪協天廟參與觀察其圓醮大典。之前筆者
曾參與過佛光山在高雄及美國舉辦的水陸法會，發現協天廟
五天的圓醮儀式、壇場的規劃和佛教的水陸法會，有許多雷
同的地方；而此圓醮的人力、財源及對礁溪當地社會的影
響，卻與佛教的水陸法會，有極大的差異。由於佛光山提倡
極具社會性的人間佛教，且亦源自宜蘭雷音寺。再者，宗教
研究是透過各種宗教現象探究其本質，自然也離不開社會群
體。迄今，不乏研究道教醮典或佛教水陸法會的著作及學術
論文，卻未有結合兩者的比較研究，故值得做深入的比較研
究。故筆者藉著一南一北、一西一東的佛寺與道廟，所主辦
的最大的儀式，做各個相關面向的比較分析。

　　第三篇〈佛光山佛事革新與人間佛教的實踐〉回顧印
度佛教傳入中國，歷經漢魏六朝印度佛教東土化、隋唐時期
漢傳佛教世俗化、和宋代以後漢傳佛教民間化的演變。原來

傳統印度佛教在漢魏六朝時被視為神秘主義，到了隋唐時轉為判教立宗的鼎盛期，此時期僧侶走出叢林，漸與世俗生活結合。宋代以後漢傳佛教日趨衰微，從思想到形式上一昧迎合世俗，義理的探討被誦經、念佛、超度、化緣、求籤、占卦等神學或迷信活動替代，民間大眾對佛教的曲解，佛門僧尼為求生存不得不推波助瀾，使得佛教逐漸脫離了它的正統形態而徹底的民間化。中國自清末國勢衰落，封建社會逐漸解體，長期以來與封建社會大致相適應的傳統佛教也呈現出一片衰敗的景象──出現教理荒蕪、教制鬆弛和教產攘奪等現象。到了二十世紀初開始，面對佛教的種種衰敗景象，佛教界許多有識之士展開革新佛教，並結合時代的需要，在世界各地掀起一股股、一波波參與社會、服務人生的新佛教運動。

　　值此新佛教運動的改革過度時期，佛教的誦經、念佛、和超度等狹義佛事要如何與時俱進，參與社會服務、增進人類幸福，以促進世界和平？本篇論文將以佛光山的革新佛事為研究對象，分為四部分來探討這些革新佛事如何落實在其推動的人間佛教的實踐上。分別為一、佛事起源及發展；二、佛光山佛事懺儀的改革創新；三、佛光山改革佛事與人間佛教的相涉；四、結論。

　　第四篇〈社區大學與佛光山人間佛教在台灣的現代發展〉回溯清末民初以來，為發展基礎教育，政府借移風易俗之名，將廟產征為學校用地所掀起的「廟產興學運動」，卻

逼使佛教走上革新之途。近幾年來台灣的佛教界悄悄吹起了主動協助政府興辦社區大學的風氣，如佛光山寺、法鼓山和元亨寺等等都在大都市設立類似社區大學的弘法教育機構，其中尤以佛光山寺為最，在台灣南北各地就設立了十多所社區大學。然而台灣自一九九八年首創社區大學迄今十年，已有八十多所遍佈全台。在課程內容受制於政府相關單位，加上少子化時代的衝擊下，寺廟興辦的社區大學對佛教的傳播，究竟能發揮多少功效？此風氣是否又將形成另一種創新的弘法模式？又具有何種時代意義？

　　第五篇〈**佛光山比丘尼領導力之養成研究**〉觸及兩性議題。在中國傳統思想中，男尊女卑的思想佔有主導地位，女性的地位一直從屬於男性。台灣佛教雖然在近二三十年女性地位有明顯的提升，但整個佛教界的社會體系，確實有會使得女眾沒有跟男眾一樣有著同等的學習與發展條件。然而在台灣的佛光山教團卻能在不到半個世紀的時間內，非但擁有數百座散佈世界五大洲的道場，並藉由各種佛教相關事業弘化全球，淨化社會人心、促進世界和平。而推動這些弘法事業的主力，幾乎都是其門下的比丘尼，不只在世界各地深入當地社會，並深獲當地國家甚至聯合國的肯定頒予各種傑出婦女貢獻獎等。

　　這些比丘尼若非具備某些領導特質和能力是無法勝任如此重責大任的。而佛教所謂的領導力，應包含對外的領導以完成理想目標所發揮的影響力，和對內的修行，內外體用並

濟才是自利利他領導力的極致。故本研究針對佛光山教團的比丘尼，探討其領導能力養成的內外要素和通則。

第六篇〈佛教譬喻的詮釋與現代運用—以《佛說鹹水喻經》為例〉，「譬喻」是釋迦牟尼佛說法的九個（南傳佛教）或十二個方式（北傳佛教）之一。釋迦牟尼佛善用譬喻說法，所以在佛教大藏經中出現了相當多的譬喻，有些佛經甚至專以譬喻立名，如《佛說鹹水喻經》就是兩千多年前，佛於印度以水為喻，為比丘說解脫之道的七個過程。東漢時期，印度佛教藉由經典的漢譯傳入中土，逐漸本土化為中國佛教。本經最早於西晉（265-316年）年間譯出，做了一次時空和語言的大轉變。前秦世祖建元二十年（384年）曇摩難提再譯，東晉安帝隆安元年（397年）元月和十一月瞿曇僧伽提婆又譯。此經的一譯再譯應有其時代的需求和必要，然而自瞿曇僧伽提婆三譯之後，迄今已經歷漫長的十六個世紀，譬喻的教化功能是否能確保不失？抑或有時間、空間和對象的侷限性？隨著時代的更迭，到了二十一世紀的今天，佛教的譬喻是否會因為面臨高科技時代的不同時、空、人、事、物等因緣背景，而失去其教化意義和存在價值？雖然已有不少學者從事佛經譬喻的研究，卻未有對佛教譬喻的現代詮釋和價值做過探討。本論文透過《佛說鹹水喻經》三譯本中水喻七事字義的演變做比較，以瞭解「譬喻」的詮釋學與其現代運用價值。

第七篇〈祈禱對大學生之療癒功能探討〉，環顧世界各種宗教，祈禱是所有宗教行為中最普遍存在的現象，迄今少見有宗教信仰者未曾有祈禱的經驗。然而祈禱是否只是有宗教信仰者的行為，抑是人類自然的行為？如果是肯定的，那麼無信仰者的祈禱對象為何？尤其是青年學子，對宗教仍矇矓無知，少有明確宗教信仰者。對這些無信仰的青年學子，會有自發性的祈禱行為嗎？其祈禱會產生功效嗎？其功能有異於有宗教信仰者的祈禱功能嗎？祈禱的功能對心理諮商有任何作用嗎？

目前雖有相當多有關西方宗教祈禱的西文學術論文面世，卻少有涉及東方宗教祈禱行為的相關學術研究，更未見探討未有宗教信仰的大學生的祈禱行為與其療效。故本研究結合文獻觀察和開放性結構問卷調查的兩種質性研究方法為主，針對佛光大學97-2和98-1兩學期選修筆者教授的通識「宗教與信仰」課程共89位學生為對象，以瞭解宗教祈禱對時下大學生產生的療癒功能和價值。

釋永東
於佛光德香樓
2011年元月

目　錄

第一篇
佛教的社會理論
和當前危機探討

壹、緒論

　　兩千六百多年前創始於印度的佛教，在其漫長的流傳和發展的歲月中，迄今所以能夠繼續存在，一定有其依存的條件。以中國佛教為例，佛教傳入中國，形成了中國佛教也歷時兩千多年，不但沒有消失，相反地，還持續在發展當中。其所以能夠在中國發揚光大，是在其漫長的流傳和發展的歲月中，與各民族的經濟、政治、科學、教育、文化、藝術、倫理、心理以至風尚習俗交織在一起。由此可見，文化的內在精神和社會人生的需求就是佛教依存的最重要條件。【1】

【1】參閱洪修平：《中國佛教特點與現代社會人生》，《佛教與二十一世紀》，法鼓文化出版社，2005，頁287。

文化精神是其內在的特質，而社會人生的需求則屬外在的因素。本論文的研究方法以質性研究的文獻觀察為主，將針對中國佛教依存的外在條件「社會人生的需求」，分做兩個部份來探討，第一部份探討佛教的社會理論和其相關議題，第二部份延伸至佛教的當代危機探討。相關文獻可分為「社會」和「社會理論」兩方面，前者有陳寶良《中國的社與會》探討中國結社集會之歷史演變和發展，提供本研究很多早期結社發展的參考。陳月娥編著《研究所社會學》之古典與現代社會理論，為本論文的理論依據。後者以A.Giddens著，簡惠美、羅麗芳譯《資本主義與現代社會理論：馬克思涂爾幹韋伯》一書貫串於馬克思、涂爾幹與韋伯這三位社會學開山祖師著作中的中心主題—現代「資本主義」社會結構與特性－乃是現代社會理論的起源。發展近一世紀以來，當今的社會理論卻走上形式的、非歷史的「一般理論」之路，而到了徹底需要修正的地步。本書作者紀登斯以對待「歷史思想家」的方式，簡明地個別分析三位學術巨靈著作中的社會學理念，且一貫地鋪陳出涵藏於其中的中心論題。透過層層比較分析與詮釋，這三位現代社會思想奠立者在著作中所傳達的主要意旨，以及對於現代社會學而言仍是挑戰性、啟發性十足、極關緊要的「問題」－現代社會的「異化」失規範狀態。【2】

---

[2] A.Giddens著，簡惠美、羅麗芳譯，《資本主義與現代社會理論：馬克思涂爾幹韋伯》，台北市：遠流出版社，2000。

一、「社會」的定義

在討論佛教的社會理論前，必需為「社會」下個定義：社會（society）一詞，源自拉丁文（socius），指結合或同伴之意，[3] 另一個常用的英文字social（名詞），則有聯誼會或聯歡會之意。《辭源》對社會的解釋如下：

> 社會指社火之類、裏社之民、逢節日集會行賽之謂也。<東京夢華錄>：八月秋社，市學先生，欲斂諸生錢作社會。春社重午重九，亦是如此。<夢粱錄>：安排社會，結縛台閣，迎列於道。二程全書，亦有鄉民為社會之語。又按<貞觀畫史>：田家社會圖，史道碩畫。此名稱由來以久矣。[4]

由上述「社會」的詞源和定義，可見中文的「社會」兩個字，最早是拆開來用的。以「社」（名詞）為主，「會」（動詞）做為結合、集合、集會意，即結社，以日本一直延用的株式會社最能表達其意。「社」和「會」兩個個別字後來結合演變成「社會」（名詞）一詞。此演變從漢譯佛經的時代先後亦可窺知其端倪，下面另闢一節說明。

其他有關社會的定義，如：

【3】陳月娥編著：《社會學》，千華出版公司，2001，頁3。

【4】《辭源》上冊，頁1534。

袁祖社說：「社會是指人的集合存在以及由此形成的各種關係總體，在更廣泛的意義上，它包括一切構成社會的要素以及社會賴以存在的基礎條件。社會既是人交往和活動的結果，又是人的立足地及其賴以展開交往、進行活動的場所。」[5]

程士富說：「在廣義上，社會是指以共同的物質生產活動為基礎而相互聯系的人們的總體。狹義的社會是指與經濟相對應的一個概念，它不包括經濟的內容而相互聯繫的人們的總體。狹義的社會是指與經濟相對應的一個概念，它不包括經濟的內容。」[6]

李錫海，「不是指某種具體的社會形態，而是指在共同的物質生活條件和精神生活條件下聯繫在一起的人群，是一種組織的意思。」[7]

　綜合上述幾種定義，可斷定社會的先決條件是「人」，且是有聯繫有組織的人的總體。因此社會是以人為構成要素，人是社會的基礎，是無庸置疑的。

---

[5] 袁祖社：《「社會價值」的合理內蘊》，《教學與研究》，2004。

[6] 程士富：《社會核算：基於國民經濟核算和可持續發展》，《內蒙古統計》，2005。

[7] 李錫海：《黑社會性質犯罪的幾個問題》，《江蘇公安專科學校學報》，2002。

貳、漢譯佛典中「社會」語詞的演變

　　中國佛教的譯經事業悠久，最早漢譯佛教經典始於後漢竺法蘭（Dharmaraksa）、迦葉摩騰（Kāsyapam tanga）共譯的《四十二章經》，【8】從東漢到唐代中葉，歷時八百年左右，這期間，「社會」二字有明顯的轉變。「社會」二字並未出現在早期的漢譯佛經中，如上節所述，這個時期的漢譯經典只見「社」字，分別出現在《佛般泥洹經》和《普曜經》二部經中。

一、「社」、「社稷」與「社神」

　　西晉白法祖所譯的《佛般泥洹經》有一段阿闍世王欲伐越祇國，越祇國中諸長老急著請示正在越祇國弘法的佛陀，佛陀告以持守七法者，阿闍世王絕對勝不了。經文中就提到了「社」稷和「社」名浮沸大樂。摘錄如下：

> 汝聞越祇。禮化謹敬。男女有別。長幼相事不。曰聞
> 其禮化謹敬。男女有別。長幼相事。汝聞越祇。孝于
> 父母。遜弟師長。受誡教誨不。曰聞其孝于父母。遜
> 弟師長。受誡教誨。汝聞越祇。承天則地。敬畏社
> 稷。奉事四時不。曰聞耳承天則地。敬畏社稷。奉順

【8】考證本經譯出之譯語，有多處不似東漢時所譯，且據出三藏記集卷二載，道安所撰綜理眾經目錄中無本經，故本經恐係東晉時代於我國纂集而成。

四時。汝聞越祇。尊奉道德。國有沙門應真及方遠來
者。供養衣被床臥醫藥不。曰聞其尊奉道德。國有沙
門應真及方遠來者。供養衣被床臥醫藥。佛言夫有國
者。行此七法。難可得危。【9】

阿難遠在一樹下。思惟陰房之事。起至佛所。為佛作
禮已。住白佛言。何以不般泥洹。佛告阿難。維耶梨
國大樂。越耶國大樂。急疾神地大樂。沙達諍城門
大樂。城中街曲大樂。社名浮沸大樂。……閻浮利內
地。所生五色如畫。人存其中生者大樂。【10】

　　另外，西晉竺法護（Dharmaraksa）于武帝泰始元年
（西元265年）譯出的《普曜經》卷5，佛與三迦葉兄弟論議
事水火日月不究竟後，佛告誡比丘當時各種外道的邪行，其
中就提到事山神社神虛空天神等，【11】同經又提到佛要求王
大赦之後，佛前往入國，有大社樹名曰遮越。佛與比丘共坐
樹下。【12】

【9】西晉白法祖譯：《佛般泥洹經》（卷1），《大正藏》冊1，no.5，頁160下。

【10】同上註，頁164下-165上。

【11】西晉竺法護譯《普曜經》（卷5），《大正藏》冊3，no.186，頁510下，據《法華傳
　　記》卷一載，師於武帝泰始元年（265）攜帶大批胡本經典至東土，居於長安洛陽
　　專事譯經。

【12】同上註，頁510下。

綜合上述三例，可以斷定漢譯經典在西元六世紀前，還未使用「社會」一詞。雖然只用了「社」字，但其社會意涵已含藏其中。

二、首譯「社會」的佛經

　　直到元魏瞿曇般若流支（Prajñāruci）北魏孝明帝熙平元年（西元516年）來中國，於西元五三八至五四三年間，在魏都鄴地，與曇曜、菩提流支共譯出《正法念處經》才出現社會兩字。也是唯一一部出現「社會」字眼的佛經。

　　經中，佛描述各種地獄及其果報，談及妄語時，說：

> 「複有妄語。何者妄語。謂邑子中。社等會中。若我慢心。若因瞋心。若相憎嫉。或相鬥諍。妄語而說。自他俱誑。自他破壞。以作如是妄語因緣。彼處眾中。令他得罰。心生歡喜。彼如是業。多作究竟。作而複集。彼人以是惡業因緣。身壞命終。墮於惡處。在彼地獄雙逼惱處。受大苦惱。彼人如是社會等中。妄語惡說。以如是因。如是因緣。身壞命終。墮彼地獄。在雙逼惱別異處生。受大苦惱。」【13】

　　此處「邑子」同「鄉」，極接近「社」義，自漢朝即已

【13】北魏‧曇曜、菩提流支譯，《正法念處經》，《大正藏》（卷9），冊17，no.721，頁50下、51上。

啟用。【14】

　　于七世紀初之後，只有極少幾部論典有再出現「社會」
一詞。一則是同時出現在《續高僧傳》、《法苑珠林》、
《華嚴經傳記》、《神僧傳》和《三國遺事》，盛讚普安慈
心願行的記載，摘錄如下：

> 安居處雖隱。每行慈救。年常二社血祀者多。周行救
> 贖勸修法義。不殺生邑其數不少。嘗於龕側村中。
> 縛豬三頭將加烹宰。安聞往贖。社人恐不得增索錢
> 十千。安曰。貧道見有三千。已加本價十倍。可以相
> 與眾各不同。更相忿競。忽有小兒。羊皮裹腹來至社
> 會。助安贖豬。既見諍競因從乞酒。行飲行舞焜煌旋
> 轉。合社老少眼並失明。須臾自隱不知所在。安即引
> 刀自割髀肉曰。此彼肉耳。豬食糞穢。爾尚噉之。況
> 人食米。理是貴也。社人聞見一時同放。豬既得脫繞
> 安三匝。以鼻觸若有愛敬。故使郊之南西五十裏內雞
> 豬絕嗣。乃至於今。其感發慈善皆此類也。【15】

【14】參閱〈漢書・尹翁歸鄉〉及〈後漢書・馮異傳〉。見《辭源》下冊，頁2104。

【15】唐道宣（596-667）撰：《續高僧傳》（卷27），《大正藏》冊50,no.2060，頁682
上。唐法藏（643-712）集（共五卷）《法苑珠林》（卷28），《大正藏》冊53，
no.2122，頁493中。唐道世（?-683）撰，《華嚴經傳記》（卷4），《大正藏》冊
51,no.2073，頁168下。明成祖（1403-1424）撰（共九卷?），《神僧傳》（卷5），
《大正藏》冊50，no.2064，頁980中。高麗一然撰（1277-）（共五卷），《三國遺
事》（卷3），《大正藏》冊49，no.2039，頁988上。

另一則出現在南宋僧宗曉（1151-1214）編《樂邦文類》中，瑞竹悟老種蓮無為子楊傑

東林聞說好林泉	社會荒涼幾百年
靈物孰如崔氏竹	方池新種遠公蓮
華嚴頓淨三千界	盧阜重招十八賢
應笑陶潛又歸去	白雲幽鳥伴歸田【16】

　　六世紀以後的一經六論出現「社會」二字，也是依時間先後漸進完成的。瞿曇般若流支於北魏孝明帝熙平元年（516年）譯成的《正法念處經》先提及「社等會」中，再提到「社會」等中，做了「社」和「會」兩字的結合；于七世紀初之後，《續高僧傳》等五論出現了「社會」，雖然此五論著都是當代人所編撰，而非譯自胡語，然而此處的「會」字，還保有動詞的集合意味；最後一則出現在十二世紀南宋《樂邦文類》的「社會」，就完全現代化當名詞使用了。

　　由「社會」兩字在中國佛教漢譯經典近千年的發展史來看，早期出現「社」字的《佛般泥洹經》和《普曜經》分屬阿含和本緣部的聲聞經典，不如六世紀初出現在《正法念處經》的「社會」來的活躍，展現著菩薩的積極入世、深入群眾。據《成唯識論義蘊》卷四所載，《正法念處經》於佛

【16】《佛祖統計》卷18，《大正藏》冊49，no.2035，頁129。

滅後第三百年中，於犢子部中，流出正量部。【17】本經到了
中土最早在洛陽被譯成，所以最先流行北方，曾被廣泛使用
在喪葬祭典中，更發揮了本經的社會功能。【18】佛教雖然是
外來宗教，卻與中土這麼微不足道的辭彙演變緊密結合在一
起，更遑論社會的其他組成要素了。

三、中國佛教的結社集會

　　在上述漢譯佛經出現「社」與「會」，或「社會」等名
詞的長遠演變過程當中，中國佛教內部的結社集會是否隨之
興起？抑或譯經和實際結社是各自發展，互無關係？其實晉
慧遠早於元興元年（402年）與劉遺民等百餘同道在廬山的
東林寺創立白蓮社，專以淨土念佛為修行法門，共期往生西
方淨土。後來廬山的東林寺還成為當時南地佛教中心。根據
陳寶良《中國的社與會》一書的記載：

【17】《成唯識論義蘊》卷四：「蛇眼聞聲是正量部者。問：按宗輪等論，佛滅後第三百
　　年中，於犢子部宗，流出正量部。如何正法念處經是正量義耶？答：如文殊問經，
　　明二十部皆是如來先記，今正法念，懸記此事理，亦何妨問蛇眼為實聞聲不？」
　　《卍字續藏經》冊78，頁897。

【18】《釋門正統》第四：「又要覽云。北俗亡者＜因為此經最先在洛陽被譯成，所以最
　　先流行北方＞。累七齋日。皆令主道場僧煎紙旛子。一首隨紙化之。按正法念處經
　　有一十七種。中有謂死時若生天者。即見中有如白[疊*毛]垂下。其人識神見已舉
　　手攬之。便受天人中中有身。故令七七日是中有死生之日。以白紙旛子作勝旛。相
　　示之故。北人招魂帛。皆用白練。甚合經旨。」《卍字續藏經》冊130，頁809。

慧遠創立的白蓮社是最早出現的佛社，同時期在中國
北方至南方一些地區，出現了一些以「邑」、「邑
義」、「法義」為名的佛教組織，有時又稱為「邑
會」、「義會」、「會」、「菩薩因緣」等。這些佛
教團體由僧尼與在家佛教信徒混合組成，或僅由在家
佛徒組成，所從事的大多為一些造像活動。此種帶有
地域組織痕跡的邑、邑義，在一定程度上帶有結義性
質。【19】

　　在東晉南北朝時期原本「社」與「邑」在含義上有著明
確的界限，當時的佛社一般均稱邑、邑義、法義等，絕不以
「社」為名。到了隋唐五代時期，佛社發生了若干顯著的變
化，其中最引人注目的變化是「社」與「邑」逐漸合流，和
上述漢譯佛經中「社」與「會」的演變相契合。入宋以後，
不僅社與邑的合流趨勢繼續存在，而且出現了「並社為會」
的現象。民間的春秋二季社祭已與佛道結社合一。【20】佛教
徒組成的會，則有上天竺寺光明會、茶湯會和放生會等。元
代的結社結會，基本上是宋代的延續。明代會社的內容極為
豐富，社會各階層的人員都從自己的切身利益出發，相聚
成群，趣味相投，結成各式各樣的社與會，釋子亦結社聚

【19】陳寶良著：《中國的社與會》，台北：南天書局，1998年，頁7。

【20】如江蘇昆山，每當四月望日，「山神誕，縣迎神，設佛老，教以祈歲事，併社為會，
　　以送神」同上註，頁10-12。

會。【21】入清以後，會社活動基本承襲明代。至清末，資產
階級維新變法與革命運動相繼崛起，學人的結社得以發展，
並和反清鬥爭相結合。形成由儒生組成的各種學會【22】。各
種宗教學術團體也陸續成立，佛教界的歐陽漸就是當時世界
宗教會的成員。【23】

　　中國的結社結會，至清季而再盛，也由清季而發生改
變，即出現了各種新式社團。到了民國，尤其是近一二十年
的台灣，此類型的結社結會有顯著的改變，由原來的區域性
社團發展為國際性非營利組織，且已成為聯合國非營利組織
會員，進一步為全球人類提供物質及心靈慰藉，如國際佛光
會和慈濟功德會。常見佛光會的僧尼和慈濟在家委員活躍
於聯合國每年的相關會議和活動中。筆者就曾代表國際佛
光會參加2004年四月聯合國主辦為期一週的第49屆國際婦
女會議，主題為「婦女前進和活力化當前面臨的挑戰和對
策」（Current challenges and forward looking strategies for the
advancement and empowerment of women and gilrs）。

　　筆者認為漢譯經典工作本身就是一種會社型態，應早於
慧遠在盧山的東林寺創立白蓮社（402年）的時間。雖然漢
地譯經，在東晉以前可以說是私人的事業，有一個人獨自完

【21】參閱陳寶良《明代的社與會》，《歷史研究》，1991年，期5。同上註頁13。
【22】如「湘學會」、「聖學會」、「南學會」等，參閱陳寶良著：《中國的社與會》，台北：
　　南天書局，1998年，頁14。
【23】同上註。

成的，也有與一、二個漢人合作，由譯主口誦，合作者筆受
（記錄成文），共同完成的，【24】這就是一種結合相同興趣
與共同目標的社或會，如《增壹阿含經》。據晉沙門釋道安
撰《增壹阿含經》序中記載，本經是兜佉勒國沙門曇摩難提
（Dharma-nandi）受武威太守趙文業求令出焉，佛念譯傳，
曇嵩筆受，於前秦建元二十年（384年）夏出，至來年（385
年）春乃訖。【25】東晉孝武及安帝世隆安元年十一月至二
年六月（397-398年）罽賓三藏瞿曇僧伽提婆重譯，道祖筆
受，也都早於慧遠的創立白蓮社。

參、佛教的社會理論

　　前兩節已探討過「社會」，何謂「理論」？即是由相互
關聯的定義、概念與命題所組成，目的在於解釋或預測所欲
研究的社會現象。理論具有六個必要條件：

　　1.必須合乎邏輯
　　2.定義必須明確清晰
　　3.概念間須互相關聯
　　4.概念間的相關性質必須明確指出

【24】陳士強：《中國佛教百科全書—經典卷》，佛光文化事業有限公司，1999年，頁
　　253。

【25】兜佉勒國沙門曇摩難提譯：《增壹阿含經》，《大正藏》冊2，頁549上。

5.以可靠資料作為建立的基礎

6.是可以驗證的。【26】

一、社會理論

　　要談佛教的社會理論前，得先談談一般的社會理論，較易彰顯說明佛教的社會理論。社會理論派別可分為古典理論與現代理論，古典理論又可分為結構功能論（Structural functionalism）、衝突論（Conflict theory）、形象互動論（Symbolic interaction theory）和交換論（Exchange theory）等四種；現代理論則分為戲劇論（Dramaturgy）、俗民方法論（Ethnomethodology）和現象學（phenomenology）等三種。

　　古典理論之一的結構功能論強調社會各部門是互相關聯的，且相互關聯的特質組成功能體系，最後得以維持整合與均衡穩定，以帕森斯（T. Parsons）為代表，他提出一般行動論（General action theory），首先預設體系的存在，然後強調「社會行動」作為社會學分析的對象與起點。

　　古典理論之二的衝突論分別以馬克思、齊莫爾和達藍道夫為代表，馬克思（Karl Marx, 1818-1883）的衝突論認為經濟是社會的重心、持續出現階級衝突；齊莫爾（Georg Simmel）的形式社會學（Formal sociology）旨在探討社會過

【26】陳月娥編著：《研究所社會學》，千華出版公司，2001年，頁17。

程的基本互動形式，形式互動重點在於利益與目的，衝突有時具備建設性；達藍道夫（Ralf Dahrendorf）的辯證論衝突論（Dialectical conflict theory）認為社會團體存在著不均衡權力的分配，出現支配與受支配的角色，因而促成社會的變遷。

古典理論之三的形象互動論屬主觀解釋的理論，認為社會互動的個人組成整個社會，至於個人的互動乃經由解釋、分析與反應過程進行。

古典理論之四的交換論認為社會行為是一種互動的交換過程，交換的是酬償與成本。社會結構亦影響互動的進行。【27】

現代理論之一的戲劇論以郭伏門（Goffman）為代表，其核心概念為前臺與後臺、自我呈現、角色設定和框架。現代理論之二的俗民方法論以高分利（Garfinkle）為代表，其基本論點認為沒有一個預先存在，彼此同意的社會實體，所有的意義都是被創造出來的，不能將社會世界視為理所當然。現代理論之三的現象學以徐志（Schutz）為代表，其基本論認為日常生活就是一個由多重實在所構成的主體性的世界，人們的日常知識亦具有自主性的特徵，是最為實在的。【28】

【27】同上註，頁18-19。

【28】同上註，頁18-19。

上述的各種社會理論，切入問題的角度各不相同，需互為補充。究竟佛教的社會理論為何？由何角度切入？有比較周全圓滿嗎？

二、佛教的社會理論

前述的各種一般社會理論，都只是探討了局部社會現象。到底佛教的社會理論是什麼？在本論文序文中曾提到中國佛教依存的外在條件是「社會人生的需求」，然而佛教認為人生一切皆苦，其根本宗旨在於把人從現實的人生苦海中解脫出來，表面看來佛教是一種本質上追求出世的宗教，其主要理論學說都在論證解脫的必要性和可能性，所謂「四諦」、「五蘊」、「八正道」、「十二因緣」和「三法印」等最基本的教義，重心都是在說明諸法無常，緣起無我，從而揭示人生痛苦的本質和原因，並為人們指出超脫生死輪回、達到涅槃解脫的途徑和修行方法。【29】難道本質上追求出世的佛教，就應遠離社會避居山林嗎？山林佛教又如何滿足「社會人生的需求」，而能延續至今？

悉達多太子于菩提樹下夜睹明星悟到緣起法（梵語pratiya-samutpāda, 英文dependent origination）而證悟成佛，因此創立了佛教，也依著緣起法開展出佛教所有的教義。所

【29】參閱洪修平，《中國佛教特點與現代社會人生》，《佛教與二十一世紀》，法鼓文化公司，2005年，頁291。

謂佛教的社會理論，也是以緣起法為其理論基礎，佛教的所有教義以人為主要物件，也可以說佛教的所有教法都離不開社會，正和「社會」這個詞彙在中國的發展相輝映。佛教講緣起緣滅、緣聚緣散，所以強調「結緣」和「結社」的「結」字，因此做為社會的基本組成元素的人類行動，也因此交織成互相依存網，彼此互相影響遷動，與社會中其他無情眾生也不例外。在彼此互動當中，又以基本五戒交互制約（reciporal conditioning of action）並積極擴大成利他行（altruistic action），如此一來，社會中的每個個人的身心自由均得以無限的開發。這也是一般社會學最關心的議題。今藉國際佛光會實例分述如下：

（一）相依相支的依存網

　　一切諸法（有為法），皆因種種條件（即因緣）和合而成立，此理稱為緣起。即任何事物皆因各種條件之互相依存而有變化（無常），為佛陀對於現象界各種生起消滅的原因、條件，所證悟之法則，如阿含經典多處所闡明之十二支緣起，謂「無明」為「行」之緣，「行」為「識」之緣，乃至「生」為「老死」之緣，「此有故彼有，此起故彼起」，以明示生死相續之理，同時亦由「此無則彼無，此滅則彼滅」之理，斷除無明，以證涅槃。因此佛陀否定當時印度諸外道所主張「個我」及諸法具有實在之自性等論點，而謂萬有皆系相互依存，非有獨立之自性，以此解釋世界、社會、人生及各種精神現象產生的根源，建立特殊之人生觀與世界

觀，成為佛教異於其他宗教、哲學、思想之最大特徵。【30】

　　人類組成的整個社會，如網際網路般交織成相互依存網，無時不在彼此互相影響遷動。在這個巨大依存網中，又充滿無數大小不等的依存網，有時為主有時為客，猶如華藏世界重重無礙、燈燈相攝。社會儼然是人類生命共同體的基石。正如臺灣佛光山創辦人星雲大師在一九九四年國際佛光會第二次世界會員代表大會的主題演說中，極力提倡的「同體與共生」（Oneness & Coexistence）。星雲大師說：

> 「佛教講因緣，認為天下本是一家，所有眾生是因緣和合，一體不二。……「同體」，含有平等，包容的意思。……地球雖然有各國家、民族、地域的不同，但是卻是共同仰賴地球而生存；眾生雖然有男女、老少、強弱、智愚的分別，但是卻同為眾緣和合的生命體。……「共生」，含有慈悲，融合的意思。法界一切眾生是彼此互相依附，賴以生存的生命共同體。……我們生存的社會，也需要士農工商各行各業，貢獻每一個人的力量，才能建立祥和而共有的社會。」【31】

【30】《佛光大辭典》，佛光出版社，1988年，頁6126。

【31】星雲，《當代人心思潮》，香海文化事業有限公司，2006年，頁22-23。

星雲大師認為，今日的社會因為缺少「同體平等」的認知，因此亂象迭起；當前的環境因為沒有「共生慈悲」的觀念，因此破壞。【32】

　　佛教本身雖然以僧俗二眾為其社會的組成結構，彼此卻「同體與共生」、「尊重與包容」，以致於佛教能持續發展擴大，成為全球三大宗教之一。

　　昱年一九九五年于澳洲雪黎召開國際佛光會第四次世界會員代表大會的「尊重與包容」（Respect & Tolerance）的主題演說中——

> 星雲大師再度提出四個尊重與四個包容。四個尊重指尊重別人的自由、尊重生命的價值、尊重大眾的所有和尊重天地的生機；四個包容則是包容異己的存在、包容傷殘的尊嚴、包容冤仇的傷害、包容無心的錯誤。【33】

　　接著於一九九六年在法國巴梨舉行的國際佛光會第五次世界會員代表大會的「平等與和平」（Equality & Peace）的主題演說中——

> 星雲一再強調，世界萬法一如，同體緣生、相互依存，呼籲但憑慈心悲願、予樂拔苦，力行人我平等共

【32】同上註，頁29。

【33】星雲大師，《當代人心思潮》，香海文化事業有限公司，2006年，頁33-44。

尊，促成世界和平共榮。【34】

星雲大師遊化國際，講說中在在指陳佛教社會理論的精神所在──依存網的相依相支性。

（二）基本五戒交互制約

人不管做什麼均需依賴他人，因此人永遠活在（且不得不活在）其他人類的陪伴之中，永遠與其他人類進行溝通、交換、競爭與合作，過程當中，如何能和諧無諍交互制約？就有賴佛教的基本五戒，五戒（梵語panca śilāni），指在家男女所受持的五種制戒。即：（1）殺生，（2）偷盜（不與取），（3）邪淫（非梵行），（4）妄語（虛誑語），（5）飲酒。前三戒防身，第四戒防口，第五戒通防身、口，護前四戒。【35】

對上述五戒不僅只消極的防非止惡以利己，還要積極地所謂以慈心不殺故，即不侵損他人，還要護生；即不侵損他人，是具足不盜戒，還要護生和喜舍；不侮戲他人，即具足不淫戒，還須尊重；不欺誑他人，即具足不妄戒，還要誠實；不嬈亂他人，即具足不飲酒戒，不吸毒，還須正行【36】；乃至具足十根本戒，來行利他，如此才更充分發揮佛教擴大自由，成全社會大眾的積極精神。我國古來以五戒

【34】同上，頁47。

【35】《佛光大辭典》，佛光出版社，1988年，頁1097-1098。

【36】星雲大師，《論佛教民主自由平等的真義》，《普門學報》2001年5月第三期，頁9。

配列於仁、義、禮、智、信五常。正如星雲大師一九九八年在加拿大多倫多舉辦的國際佛光會第七次世界會員代表大會的主題演說「自然與生命」（Nature and Life）中，對自然闡釋如下：

> 他說：「所謂自然，就是人心，就是真理，就是佛道，就是眾生的真心佛性，就是宇宙的綱常。世間事合乎自然就有生命，就有成長，就能形成，就有善美。」[37]

佛教一向追求自然、師法自然，關懷社會，重視人心、人性。

再者，在二〇〇〇年於臺灣高雄佛光山舉行的第八次國際佛光會世界會員代表大會的主題演說中，星雲大師對「公是公非」（One True for All）有如下的闡釋。

> 他強調「公是公非」是一切對錯善惡的法則與智慧，也是維繫社會的公義紀律，更是修養個人品德的圭臬指南，它不以自我為中心，而以公理正義為依歸，以眾生的幸福安樂為訴求。追求「公是公非」，要有大智慧、大勇氣，對公理正義要負有道德的責任，講究公平、正直、無私、無我，才是所謂「全民的希望」。[38]

---

[37] 星雲大師，《當代人心思潮》，香海文化事業有限公司，2006年，頁84。

[38] 同上註，頁102。

以上「公是公非」的闡釋正說明了佛教社會理論的道德部份──基本五戒交互制約,並擴大為積極利他行。如此社會中的每個成員自能自由發揮本具佛性功能,相輔相成自在無礙。

(三)身心自由無限開發

在基本五戒交互制約的自利利他下,人類的身口意自然能自他不犯,身心自在,佛性展現無遺,達到無緣大慈、同體大悲的人我一如的和諧社會。正如《佛光大辭典》對社會一詞的解釋:

> 佛教語中,相當於社會之詞為「世間」(梵loka)。佛教強調出世間法,主張克服人間之苦,然其意義並非脫離社會,而是超越親人之羈絆與種族血緣之束縛,即超越家與國;由於能超越家與國,故能對同世間之世人施予慈悲。佛陀被稱為世尊(即世間所尊敬之人)與世間解(梵loka-vid),意謂佛陀能瞭解世間,理解社會,而覺悟現實世界。故佛陀所主張之慈悲,乃是超越狹隘的人倫關係,而擴展至無限寬廣的領域。梵語之maitr(慈),乃來自mitra(友),是友情之意。友情,須是無條件而深厚之友情(無緣的慈悲);而對於一切人平等地施予友情,並非基於地緣或血緣之關係,而是超越地域、人種、國境等狹隘社會之開放精神。佛教成立之初,即具有深厚的社會意義。阿育王(261 B.C.~232 B.C.頃在位)以佛法(梵

dharma）為其施政方針而統一全印度，此予西方社會影響極大。蓋所謂世間解，必須兼具出世之特質；換言之，必須有一種超越社會之立場，方能深刻瞭解社會，而將社會淨化成一種善良和諧的社會，此即佛教所謂之社會性。【39】

正如星雲大師在二○○二年於日本召開的國際佛光會第九次世界會員代表大會的主題演說中，所提倡的「發心與發展」（To Resolve and To Develop）。

他表示，幫助自己要「發心」，發心，就是開發我們的心地、就是建設自我。幫助世間要「發展」，發展，就是開發我們的世界、就是建設世界。【40】在「發心」方面，要能發四種心：一要「發慈悲心，怨親平等」；二要「發增上心，定慧等持」；三要「發同體心，人我一如」；四要「發菩提心，自在圓滿」。「發心」之外，還要有四種「發展」：一要「發展人性的真善美好」；一要「發展人性的真善美好」；二要「發展世間的福慧聖財」；三要「發展人際的和樂愛敬」；四要「發展未來的生佛合一」。【41】

【39】慈怡主編，《佛光大辭典》，頁3466。

【40】同上註，頁140。

【41】星雲大師，《當代人心思潮》，香海文化事業有限公司，2006年，頁144。

他進一步舉佛光會員四句偈「慈悲喜舍遍法界，惜福結緣利人；禪淨戒行平等忍，慚愧感恩大願心。」來說明需先開發自己的慈悲心、喜舍心、惜福心、結緣心、慚愧心、感恩心，甚至自心本性裏大願大力的禪心佛性，才能自利利他，自度度人。【42】

　　在一九九七年假香港紅磡體育館舉行的第六次國際佛光會世界會員代表大會的主題演說中，星雲大師對「圓滿與自在」（Wholeness and Freeness）有如下的詮釋。

他說：「『握糖不放的拳頭，無法掙脫瓶口；緊縮不放的腳步，無法向前邁進。唯有個人解脫自在，家庭方能和睦溫馨，進而促成社會的和諧圓滿。』【43】並提出八個意見：一、從心意的包容到人間的圓滿自在；二、從生活的知足到人間的圓滿自在；三、從人我的平等到人間的圓滿自在；四、從處世的般若到人間的圓滿自在；五、從社會的安定到人間的圓滿自在；六、從家庭的和諧到人間的圓滿自在；七、從身心的健康到人間的圓滿自在；八、從自我的解脫到人間的圓滿自在。」【44】

【42】上註，頁143。

【43】同上註，頁68。

【44】同上註，頁71-81。

國際佛光會是一個國際組織，是聯合國非營利機構會員之一，目前已有兩三百個協會，分佈在全球六大洲四十六個國家。星雲大師每年在會員代表大會中的主題演說不只為會員講演，而是在為全球這個大社會講說佛教的社會理論和實踐方法。他提倡人間佛教，推動生活佛法，鼓勵大家在日常作務、人我互動當中，學習彼此尊重以改善現有的環境，增添社會福祉；互相包容以增進人際的和諧，廣利一切眾生。而奉持五戒，就是尊重自由，包容接納一切，才能擁有全面的人生。

　　因此他認為做人，應當做個堂堂正正、身心健全、有功於社會的人，如此才不辜負父母養我，師長育我，社會大眾成就我。因此如何使自己健全，是一個很重要的課題。怎麼樣才能使自己健全呢？首先需要有社會性格，才能在大眾中立足。所謂社會的性格，就是大眾的性格。能與人和諧相處，有成就別人、服務別人的性格，就叫做社會的性格。【45】可能會有人質疑「己立立人、己達達人」，畏懼自己力量不足，如何有能力來成就別人、服務別人？以佛教緣起互為依存網的關係來看，成就別人就是在成就自己，就是在擴大小我，就是在銷溶自我。否則生存在這個社會上，如果和別人格格不入，不重視別人的利益，沒有服務別人的精神與雅量，這個社會就不容許你存在了，所以既然身為社會人，就要有社會性格。

【45】星雲大師，《星雲法語》，《如何健全自己》(一)，佛光出版社，民82，頁144。

肆、佛教的社會功能

　　宗教作為一種意識形態，有意識形態方面的社會功能，它為社會提供一種認識世界的方式，一套評判社會行為的價值觀念和道德體系。作為一種社會實體，宗教又有它實體方面的社會功能，它為社會提供一種組織社會的形式，一套調適和整合、凝聚社會的機制和體系。宗教的社會功能是上述兩種功能的綜合，成為社會的一種控制系統。

一、西方學者觀點

　　西方宗教社會學研究基於三個出發點來評價宗教的社會功能，即「補償論」、「結合論」和「世俗論」，從而肯定了宗教也存在其正面的社會功能與作用。

（一）「補償論」的觀點

　　宗教是人類行為的動力和連接人類社會的重要紐帶，起著不可取代的社會補償作用。他們認為，馬克思關於宗教是被壓迫生靈對現實苦難的「歎息」和「抗議」，以及是「人民的鴉片」等社會分析，也可歸於「補償論」的宗教社會學探究範圍。

（二）「結合論」的觀點

　　宗教乃是人類社會生活之結合的標誌和象徵，起著團結整個社會的作用，從而把宗教視為社會存在的根本結合因

素，具有構成社會標準價值體系的功能。

（三）「世俗論」的觀點

　　通過對宗教與現代社會關係的研究，展示了宗教影響人們的社會行為、生活態度和生產方式等，從而提出了因宗教價值觀念及倫理觀念的不同而導致社會結構及經濟行為之不同的思想觀點。

　　這些宗教社會學的觀點，客觀評價了宗教的社會功能和社會作用，對於我們認識和評價當代佛教的社會功能有重要的借鑒作用和參考價值。【46】

二、佛教學者觀點

　　依據佛教的社會理論和一般宗教的社會功能，可概分佛教的社會功能為如下四點：

（一）淨化人心的功能

　　佛教的教義，重視淨化我們的內心，去除貪瞋癡三毒，使心靈獲得自在解脫。

（二）教化社會的功能

【46】參見卓新平，《西方宗教社會學研究概況》，《世界宗教文化》1991年第一期，頁1。

佛教的因果論，扮演人人自覺和負責任的社會教化功能。

（三）和諧社會的功能

　　佛教的緣起法，說明同體共生、廣結善緣的道理，促進社會的和諧。

（四）圓滿社會的功能

　　佛教以出世精神做入世的事業，結合物質精神、進而自利利他，以達到社會圓滿的功能。

　　對於佛教徒應如何貢獻社會國家？星雲大師曾提出十個意見：第一要幫助生產；第二要開發交通；第三要保護生態；第四要利濟行旅；第五要文化建設；第六要安住軍民；第七要興辦教育；第八要醫療救濟；第九要財務運轉；第十要科技文學。【47】

　　由上述十個意見，可見佛教關心社會層面之廣，且基於佛教緣起論，佛教與社會大眾是息息相關密不可分的，那麼社會的任何脈動和變化應該也不斷地在遷動影響著佛教。尤其處於當今二十一世紀科技資訊瞬息萬變的時代，佛教是否也面臨到對傳統有所衝擊的危機？佛教團體要如何突破此困境？下面一章將針對此議題略做探討。

【47】星雲大師：《星雲法語》，《佛教徒如何貢獻社會國家（一）（二）》，佛光出版社，1993，頁62-65。

伍、佛教當前危機探討

　　處理人的生老病死是佛教終極關懷的重點，而此四種人生現象都不停地在社會各角落中進行著，愈是人間菩薩道行持者，就愈不能遠離這個社會，在影響著社會大眾的同時，亦不斷地受到社會各種變化的影響，可見佛教和社會的關係是密不可分的。回顧兩千多年來中國佛教的興衰起伏，除了來自於內部小社會的因素之外，泰半起因於外在社會國家的影響，因此，才形成了中國歷朝各有特色的佛教。

　　如今，在變化急遽的時代，宗教雖然有穩定人心、淨化社會等的社會功能，然而對臺灣社會而言，由於長期漠視宗教教育，人民對原本富含神稽的言論與光怪陸離的現象，得以假宗教之名而大行其道，由此滋生的社會問題更是層出不窮。【48】再者，少子化時代已悄悄到來，年輕人願意落髮出家終生投入僧團生活的意願愈來愈弱，以三寶之一的僧眾為主的寺廟型態的佛教恐怕面臨極大的衝擊甚至瓦解，像十年前天主教學校招不到學生，教堂一間間關門出售一樣。一九九四年筆者負責佛光山澳洲雪梨（Syndey）道場時，就在Melbourne地區買了一所天主教女子學院，改成佛教學院。如今佛教也面臨同樣的難題。在網羅不到僧眾時，一向由僧眾住持的佛寺是否要淪為由在家人主持的困境，佛教面臨如此嚴重的危機，要如何因應？

【48】陳郁夫：《人類的終極關懷—宗教世界概說》，幼獅文化出版社，2005，序。

此外，當此科技瞬息萬變的時代，電視網路等傳播媒體無遠弗屆，在家即可收看到各種講經弘法實況畫面。久而久之，佛教信徒到寺廟學佛聽經的意願就淡化了。因此，以寺院為學佛弘法中心的傳統型態，也面臨轉型的考驗？再者，事業經營型態漸由傳統家族地方企業轉型為現代國際財團聯盟方式，到處林立的家庭式精舍小廟，是否就要面臨關閉的惡運？二〇〇七年中，在台灣東岸的台東就有六間傳統寺廟因無法和當地佛光山、法鼓山等大寺廟競爭而關閉。除了上述諸多傳統佛寺面臨的各種衝擊之外，其他如經濟不景氣對佛教團體的生存也是一個很大的考驗。這些都是目前佛教正面臨的難題，如何面對並突破，才是當前主要議題。

　　佛教在寺院轉型的過程當中，首先面臨的是社會化或世俗化【49】的問題，否則一不留意反成了異化經營，引發社會大眾對佛教的詬病，就失去了佛教一向對社會的教化貢獻。在此謹提供四點淺見做為參考，希冀因當前社會的遽變對佛教所造成的危機，能成為佛教繼續扮演強化其對社會所負的責任和使命的一大轉機。

　　1.健全僧眾教育以為社會大眾典範

　　2.融合僧信二眾發揮集體創作功效

　　3.利用非營利多元善巧的弘法方法

　　4.結合現代科技有組織的經營管理

【49】此處世俗化，指住持佛寺的僧眾在推動佛法人間化的過程中，分寸拿捏不當，過度世俗化之謂。

陸、結論

　　佛教不只是傳授知識理論的宗教，而是注重解行並重生活實踐的宗教。在本論文探討的「社會」一詞的定義、來源、理論、功能等各方面，佛教自初傳中國漢譯佛經開始，就和整個社會產生相攝互融不可分割的關係。其實佛教是經由一連串有因緣的海會雲來集的講經說法、經典結集、宗派成立、教史演變等結社集會累積而成。尤其二十世紀末迄今臺灣幾大佛教團體充份發揮佛教社會理論，行有餘力後並將其擴大到我們居住的這個全球大社會，如佛光山在全世界推動落實人間佛教、和慈濟以慈善造福國際災民等，都孜孜不息地在發揮佛教的社會功能。

　　佛教的社會理論是佛教主要教義的陳現，綜合圓滿了社會學者的各種社會理論，而人間佛教是佛教社會理論的實踐者（從星雲大師歷年在國際佛光會世界會員代表大會的主題演說內容可證明），也是佛教能突破各種瓶頸，永續經營必須追尋的路。

（本論文發表於2007年10月30日-11月2日香港中文大學人間佛教研究中心舉辦的「兩岸四地人間佛教公民社會學術研討會」已接受結集出版。）

參考書目

一、古籍原典

西晉・白法竺譯，《佛般泥洹經》（卷1），《大正藏》冊1，no.5。

東晉・曇摩難提譯，《增壹阿含經》，《大正藏》冊2，no.125。

西晉竺法護譯，《普曜經》（卷5），《大正藏》冊3，no.186。

元魏瞿曇般若流支譯：《正法念處經》（卷9），《大正藏》，冊17，no.721。

南宋志盤著，《佛祖統計》（卷18），《大正藏》冊49，no.2035。

高麗一然撰，《三國遺事》（卷3），《大正藏》冊49，no.2039。

唐道宣撰，《續高僧傳》（卷27），《大正藏》冊50，no.2060。

明成祖撰，《神僧傳》（卷5），《大正藏》冊50，no.2064。

唐道世撰，《華嚴經傳記》（卷4），《大正藏》冊51，no.2073。

唐法藏集，《法苑珠林》（卷28），《大正藏》冊53，no.2122。

唐道邑撰，《成唯識論義蘊》卷四，《卍字續藏經》冊78。

宋宗鑑集，《釋門正統》，《卍字續藏經》冊130。

《漢書・循吏列傳.第六十六・尹翁歸鄉》。

《後漢書・卷十七・馮異傳》。

《辭源》下冊。

二、書籍

洪修平，《中國佛教特點與現代社會人生》，《佛教與二十一世紀》，法鼓文化出版社，2005。

星雲大師，《星雲法語1》，《如何健全自己》（二），佛光出版社，民72。

星雲大師，《當代人心思潮》，香海文化事業有限公司，2006。

星雲大師，《論佛教民主自由平等的真易》，《普門學報》2001.5.第三期，高雄縣大樹鄉佛光山。

袁祖社，《「社會價值」的合理內蘊》，《教學與研究》，2004。

陳士強，《中國佛教百科全書─經典卷》，佛光文化事業有限公司，1999。

陳月娥編著，《社會學》，千華出版公司，2001。

陳寶良，《中國的社與會》，台北：南天書局，1998。

陳寶良，《明代的社與會》，《歷史研究》，1991，期5。

陳鬱夫，《人類的終極關懷─宗教世界概說》，幼獅文化出版社，2005。

程士富，《社會核算：基於國民經濟核算和可持續發展》，《內蒙古統計》2005。

劉振強發行，《大辭典》，三民書局，1985。

慈怡主編，《佛光大辭典》，佛光出版社，1988。

陸爾奎、方毅、傅運森等編纂，《辭源》上冊，臺灣商務出版社，

1915。

A.Giddens著，簡惠美、羅麗芳譯，《資本主義與現代社會理論：
馬克思涂爾幹韋伯》，台北市：遠流出版社，2000。

三、期刊論文

卓新平，《西方宗教社會學研究概況》，《世界宗教文化》，1991
年第一期。

第二篇
礁溪協天廟圓醮與
佛光山水陸法會社會教化意義
之比較研究

壹、緒論

　　筆者兩年之前，長年居住在美加等西方國家期間，常參與當地西方宗教機構主辦的宗教對談。二○○六年八月從美國轉回台灣的大學任教，對台灣的各種宗教現象極感興趣與好奇。二○○八年十二月六日帶領選修「宗教研究田野調查」的學生，親至宜蘭礁溪協天廟參與觀察其圓醮大典。由於之前筆者曾參與過佛光山寺在高雄及美國洛杉磯舉辦的水陸法會，也指導過碩士生寫過這方面的學位論文，發現協天廟五天的圓醮儀式、壇場的規劃和佛教的水陸法會，有許多雷同的地方；而此圓醮的人力、財源及對礁溪當地社會的影響卻與佛教的水陸法會，有極大的差異。由於佛光山寺創辦人星雲大師來自中國江蘇，提倡極具社會性的人間佛教，且佛光山的前身亦源自臺灣東部宜蘭雷音寺。再者，宗教研究

是透過各種宗教現象探究其本質，也離不開社會群體。而礁溪協天廟亦是中國陝西協天廟的分庭。故筆者欲藉著此一南一北、一西一東的佛寺與道廟，所主辦的最大的儀式，做各個相關面向的比較分析，希冀能有所發現，並能對彼此產生互補作用，更進一步對社會發揮更大的教化功能。

　　本論文針對礁溪協天廟所舉辦的「護國祈安五朝圓醮大典」，和佛光山寺「萬緣水陸法會」做比對，實是很大的議題。首先，礁溪協天廟處於台灣東部，是一座民間信仰的區域性廟宇，分香自中國陝西協天廟，已有兩百零五年歷史；而高雄佛光山寺座落在台灣南部，是座國際性佛教寺院，創辦人星雲法師來自中國江蘇，其台灣源頭始於東部宜蘭雷音寺，只有四十二年歷史。背景殊異的兩個對象本就不適合比較。再者，「護國祈安五朝圓醮大典」是道教最大的科儀，儀式較為繁複，礁溪協天廟百年才輪辦一次；而水陸法會是佛教最大的法會，儀式亦相當繁瑣，非一般小寺廟所能勝任，而佛光山寺自十年前，即每年分別在高雄總本山和其北區別分院各辦一場，二〇〇八年甚至加辦美國西來寺一場，合計有三場。兩者舉辦頻率的差異如此懸殊下，更難做比對研究。幸虧此二大聖典法會，都是經由設立內外壇口、立篙懸旛、請諸聖靈、普施誦經、和濟度幽靈等科儀來完成，且本研究限定在兩者的社會教化意義和功能上的比對。

　　迄今，研究道教醮典的學術論文或著作，雖稍多於探討佛教水陸法會的學術研究，但都不多。如蔡明偉的〈被顯赫的神威－宜蘭礁溪協天廟關帝信仰的宗教實踐與自我生

產〉，以宜蘭礁溪協天廟作為研究民間宗教信仰之場域，透過在地關帝信仰的分析，從協天廟的歷史性空間發展、宗教施為的操作和宗教體系的自我產製等觀察位置，去探討協天廟及其信仰圈之主客體關係；同時亦藉由受信者宗教經驗的再現，形成關帝信仰功能系統與社會分化的論述脈絡。[1]另外研究宜蘭礁溪協天廟，有許雅捷的〈宜蘭礁溪協天廟「武佾舞」之研究〉，主要追溯武佾舞之歷史源流，並探究現今礁溪協天廟武佾舞的起源、變遷與動作變化之意涵。[2]談建醮的則有呂宜珍的〈道教建醮文化在視覺藝術上之應用—以玄天上帝寺廟建醮活動為例〉，從道教祭典及建醮活動的探討，抽離出特定主神玄天上帝，對其特色做為分析，以轉化成個人創作內涵，研究的最終目的為探討建醮文化在藝術層面上的展現。[3]

　　至於介紹佛教「水陸法會」儀軌的研究有虛雲和尚（1840~1959）的〈水陸道場之緣起〉[4]；周叔迦

[1] 蔡明偉，〈被顯赫的神威－宜蘭礁溪協天廟關帝信仰的宗教實踐與自我生產〉，國立東華大學族群關係與文化研究所碩士論文，2006。

[2] 許雅捷，〈宜蘭礁溪協天廟「武佾舞」之研究〉，中國文化大學舞蹈研究所碩士論文，2004。

[3] 呂宜珍，〈道教建醮文化在視覺藝術上之應用—以玄天上帝寺廟建醮活動為例〉，屏東師範學院視覺藝術教育學系碩士碩士論文，2005。

[4] 虛雲和尚述，李讚錚記，〈水陸道場之緣起〉，岑學呂主編《虛雲和尚法彙。虛雲和尚方便開示》，台北：佛教出版社，1974。

（1899~1970）〈佛教的儀式─水陸法會〉【5】；印順（
1906~2005）撰〈經懺法事─水陸法會〉【6】，和賴永海
（1949~）主編〈水陸法會〉【7】等。探討「水陸法會」內
外壇儀軌的文獻有張運華（1964~）〈水陸法會〉【8】和聖
凱（1972~）〈水陸法會─追薦亡靈、普渡眾生〉【9】等。
洪錦淳（1959~）碩士論文《水陸法會儀軌》，綜括大乘佛
教顯、密的精義，融攝儒、道二教的文化內涵，文中對教內
顯、密二宗，教外儒、道二派關係的探討，【10】條理分明脈
絡清晰。另有于光華碩士論文〈水陸法會懺法之研究〉，除
追溯水陸法會的起源、科儀版本的演變、壇場營造的神聖時
空，並佐以佛光山水陸法會的實例。【11】日人牧田諦亮《佛
教與歷史文化》談論與水陸關係密切的施食、宋代之「水陸

【5】周叔迦，〈佛教的儀式─水陸法會〉，《法苑談叢》，台北：文津出版社，1990。

【6】印順，〈經懺法事─水陸法會〉，《華雨集・第四冊》，台北：正聞出版社，1993。

【7】賴永海主編，〈水陸法會〉，《中國佛教百科全書。儀軌卷》，江蘇：上海古籍出版社，2001。

【8】張運華，〈水陸法會〉，《中國傳統佛教儀軌》，台北：立緒文化事業有限公司，1998。

【9】聖凱，〈水陸法會─追薦亡靈、普渡眾生〉，《中國漢傳佛教禮儀》，北京：宗教文化出版社，2001。

【10】洪錦淳，《水陸法會儀軌》，中興大學中文系碩士論文，台北：文津出版社，2005。

【11】于光華〈水陸法會之研究──以佛光山為例〉，佛光大學宗教學所碩士論文，2007。

法會」、袾宏的《水陸儀軌》與今日之水陸。【12】本文是目
前對於「水陸法會」懺法考據最詳實的論文，學術研究貢獻
度較高。此外，和本論文相涉較多的文獻則有釋地信的〈比
較台灣佛教水陸法會與民間信仰建醮之異同〉。該論文發表
於二〇〇七年十一月十日法鼓山舉辦的「佛教研究與佛教修
行學術研討會」。

　　綜觀上述文獻，都是分別探討宜蘭礁溪協天廟其他的活
動、道教建醮和佛教水陸法會等議題，卻未有結合礁溪協天
廟道教的圓醮大典和佛光山寺佛教的水陸法會，做兩者之間
的比較研究，故值得筆者做深入的探討。

　　本論文的研究方法以質性研究的文獻觀察和參與觀察為
主。共分為五章：第一章緒論；第二章簡介礁溪協天廟及建
醮緣起和內容；第三章簡介佛光山及其水陸法會的革新；第
四章比較協天廟圓醮和佛光山水陸法會的組織運作、儀式進
行、參與對象、以及社會教化功能等；第五章結論和建言。

貳、礁溪協天廟及建醮緣起和內容

　　建醮活動是一種民間自發性所舉辦的宗教活動。建醮活
動往往是一個地區中最盛大、最隆重的宗教性祭祀行為。該
活動的舉辦，通常由地方上最具規模、信眾最多的廟宇籌措

【12】日人牧田諦亮撰，方廣錩譯，《佛教與歷史文化》，北京：宗教文化出版社，
2001。

辦理，加以透過地方鄰里的協助，茲使活動順利完成。

　　礁溪協天廟建廟歷史悠久，香火鼎盛。該廟除了是宜蘭地區重要的信仰中心以外，更是北臺灣關聖信仰重要的廟宇之一。該廟為一座民間信仰的寺廟，「建醮」為該廟重要且盛大的宗教活動。其醮典規模之大，人數動員之廣，慶典儀式之繁複等，實一般廟宇所望其項背的。藉由本次協天廟「護國祈安五朝圓醮大典」的參與調查，資以體驗在地文化的活力暨生命力，觀察社群間之互動脈絡。此外，可就建醮活動相關領域的知識範疇，有更深更廣的了解。

一、礁溪協天廟簡史【13】

　　協天廟位於宜蘭縣礁溪鄉大忠村中山路一段五十一號，為國內著名以關公為奉祀對象的廟宇，同時亦為北台灣地區重要的關聖信仰地區。該廟主祀關聖帝君，配祀關平、周倉、觀世音菩薩及福德正神等神祇。

　　根據《勒建礁溪協天廟武聖關聖帝君》簡介暨《勒建礁溪協天廟志》【14】記載，協天廟始建於清嘉慶九年（西元1804年），初期只建有茅屋三間，奉祀關聖帝君。咸豐七年（1857年），改廟體為土牆瓦頂，並增建東西廂房及兩房護

【13】游謙、施芳瓏作，《宜蘭縣民間信仰》，宜蘭市：宜蘭縣政府，民國92年7月，頁250-251。

【14】蔡相輝編撰，《勒建礁溪協天廟志》，礁溪協天廟管理委員會印行，民國86年1月，頁26。

廊，以供香客休憩。同治六年（1867年），臺灣總兵劉明燈
巡察噶瑪蘭廳，表請清廷勃建「協天廟」。

日治大正三年（1914年），協天廟重修，添購各項祭
壇設備，並置石獅一對於廟前。同年，宜蘭廳警察課金子課
長，因感念關聖帝君佑助安撫山胞之神恩，是故請森林機關
奉獻樟木，雕塑關平、周倉二尊神像金神，以為陪祀。大正
十四年（1925年），增建戲臺一座。

民國五十五年（1966年），建造牌樓，劃清聖地。後因
廟宇年久失修，眾人於是倡議重建，遂於民國五十六年六月
拆除舊廟興工，至民國五十八年竣工。

重建後之協天廟，規模相較往昔更顯宏大。其正殿供奉
關聖帝君，陪祀關平及周倉，右殿供奉觀世音菩薩，左殿則
供奉福德正神，香火鼎盛，聖蹟顯赫。

二、礁溪協天廟建醮緣起

民國七十三年（1984年），協天廟忠義大樓續建工程竣
工，加以適逢創廟紀念，因此擇定該年甲子農曆十二月初一
起至初五，一連五日，舉辦五朝清醮大典，以表慶祝。復於
十二年後，即八十六年（1997年）丙子農曆十二月初十日至
十四日，舉辦五朝福醮大典。又十二年，即九十七年（2008
年）戊子農曆十一月初九日至十三日，舉辦五朝圓醮大典。

就協天廟建醮的源起，另有一不同之說法。依據廟方執
事人員表示，茲因民國七十三年以前一甲子六十年間，協天
廟未曾舉辦過大型之建醮儀典，廟方為祈求地方平安，同感

謝神恩庇佑，於是擲筊請示關聖帝君，始獲允許，遂於民國七十三年甲子舉辦為期五日的五朝清醮大典。此次活動，被視為該廟首次最大規模的宗教盛典，繼而於其後十二年舉辦五朝福醮大典，後二十四年舉辦五朝圓醮大典。本次圓醮大典後，須待六十年，並向關聖帝君請示允許後，始復舉辦清醮盛典。

協天廟建醮盛典，以十二年為一次做基準，三十六年為一輪，一輪醮事舉辦完畢，須待六十年，並向關聖帝君請示允許後，始復舉辦清醮盛典。協天廟首次建醮稱為「清醮」，第二次建醮稱為「福醮」，第三次建醮稱為「圓醮」。其三次建醮規模相當，皆為五朝，共立有五壇四柱【15】等九外壇。

三、礁溪協天廟五朝圓醮大典儀典內容

礁溪協天廟五朝圓醮大典主要活動安排於十二月六日至十二月十日（農曆十一月初九日至十一月十三日）五日。期間，廟方依不同的時段（時辰）舉辦各項建醮儀典活動。在本次的建醮慶典活動中，以立壇柱、豎燈篙、齋醮科儀、陣頭遶境、施放水燈、賑濟大普等項目最為重要。這些儀典內容，富有極為豐富的醮典儀軌，同時具有濃厚的區域性文化

【15】所謂的壇與柱，本質上均為舉辦醮事時神聖的祭祀場域空間，皆屬外壇。不同處主要在於醮壇規模之大小，大者稱壇，小者稱柱。

色彩，對於探究礁溪之民俗文化有其重要性。以下茲就上述醮典內容，簡述於後。

（一）立壇柱（興建醮壇）

醮事盛典的舉行，立壇柱（興建醮壇）是首要的前置作業，必須於入醮前完成。

道教祭壇的設立有所講究，要依據一定的法式規則。道教認為，禮天地，通真靈，當建壇以申至敬。故道教舉行齋教，首要之務就是建壇。再者，建壇地點的選擇必需擇清淨之地。同時，建壇日期要選擇良辰吉時。【16】

圖1　礁溪協天廟圓醮內壇

【16】張澤宏著，《道教神仙信仰與祭祀儀式》，臺北市：文津出版社，2003年1月，頁111-114。

興建醮壇是醮典中重要的準備活動，醮壇分為內壇（見圖1）與外壇（見圖2）。內壇設於廟內，外壇則設於寺廟的附近（多以村為單位），並且依據建醮規模大小，搭建大型牌摟。協天廟圓醮醮壇，設有三界內壇於廟內。內壇是整個醮域中最中心點的聖域，結壇後即為諸天聖眾、三界眾神的降聖之所。【17】

圖2　礁溪協天廟圓醮外壇之一

協天廟內設三界壇，【18】是整個科儀進行的場域空間，神聖莊嚴，嚴禁女姓、不潔者以及一般信眾進入，其「醮場戒規」如下：

【17】李豐琳、謝聰輝合著，《臺灣齋醮》，頁39。

【18】三界壇分為上界、中界、下界，分別代表天、地、水，及祈福、贖罪、解惡。左右兩側安放神案，正前方則置有科儀桌。

醮場戒規警言：酧恩植福醮壇，道壇供設斯堂，示爾
道眾各宜。行儀恬靜端方，態度禮貌莊重。內則凜嚴
齋戒，外維潔整冠裳。舉止雍容合度，言語簡訥有
章。一切專司執事，舉步勿涉慌忙。道眾誦經禮懺，
音韻貴諧祥。臨壇存恩專注，行法俯仰齊一。慎勿交
頭接耳，衰瀆嘻笑輕狂。嚴禁陰酒檳攤，清淨莊嚴壇
域。天威不違咫尺，尤須敬謹恭莊。為此諄諄告議，
俱各懍遵勿忘。【19】

　　協天廟內壇中心為三清神案（元始天尊、靈寶天尊與
太上老君），左側案桌依序為玉皇大帝、康元帥、【20】玄師
府、玄帝府（廟門旁）；右側案桌依序為紫微大帝、趙元
帥、天師府（廟門旁），各懸掛神像畫軸。

　　此外，於礁溪八大村及礁溪國小共設九個外壇，其九
個外壇又分為五壇四柱，分別為玉皇壇（設於礁溪國小）、
觀音壇（設於德陽村-噶瑪蘭客運站前廣場）、天師壇（設
於六結村）、福德壇（設於二龍村-二龍河下游）、上帝壇
（設於白鵝村-崇圍福德廟後）、主醮柱（設於三民村-礁溪
天農廟後）、主壇柱（設於大忠村）、主會柱（設於大義
村）、主普柱（設於林美村-福德廟前廣場）等。各壇柱均
有爐主、副爐主等人員，負責該壇柱之一切事宜。

【19】資料由為本次建醮科儀道士團一基隆廣遠壇提供。

【20】「康元帥」指的是康席，其與「溫元帥」一溫瓊、「馬元帥」一馬勝、「趙元帥」一趙
　　光明等，為護壇四大官將。

（二）豎燈篙

豎燈篙為建醮活動的開始，象徵著醮場的成立。「篙」為一支細長、筆直、去枝留尾帶梢的青竹竿。所豎「篙」數，依建醮規模大小，而有所不同。

燈篙通常豎立於廟前的空地，分陽竿和陰竿，陰陽分開，左邊為陽竿，對天界神祇，竿上分別懸掛天旛、天布、醮旗，中央最高竿懸掛天燈一盞。右邊為陰竿，對陰間鬼魂，竿上懸掛招魂旛、地布、地燈（俗稱七星燈）等。[21]

又燈篙之上，昇起旗旛及燈號，一般都是按寺廟座向左右之序區分陰陽，普告幽明，既有天燈、天布（旗）祝告諸神鶴駕來臨、萬聖齊臨。也有地燈（召魂燈-七盞）、地布（幢旛）示知陰光普告，召請孤幽。[22]

圖3 礁溪協天廟圓醮所豎燈篙

[21] 呂宜珍，〈道教建醮文化在視覺藝術上之應用－以玄天上帝寺廟建醮活動為例〉，國立屏東教育大學碩士論文，頁73。

[22] 李豐琳、謝聰輝合著，《臺灣齋醮》，臺北市：傳藝中心籌備處，民國90年12月即日，頁39。

協天廟廟前所豎燈篙數為六支（見圖3），所有燈篙底部均以草蓆捆綁，並貼上符咒，用以除煞。燈篙者，陰陽竿各三支，且左右分開。陽竿懸掛天旛、天布、醮旗、天燈，燈篙下設有神案，資以祭祀。陰竿懸掛招魂播、地布、醮旗、地燈（見匾）等，燈篙下同樣設有香案，祭祀太乙救苦天尊[23]。

（三）齋醮科儀

　　「齋醮科儀」，為一種道教宗教祭祀。其具有陽事與陰事之分，也就是「清醮」和「幽醮」之分。清醮有祈福謝恩，卻病延壽，祝國迎祥，祈晴導雨，解厄禳災，祝壽慶賀等，屬於太平醮之類的法事。幽醮有攝召亡魂，沐浴渡橋，破獄破湖，煉度施食等，屬於濟幽度亡齋醮之類的法

---

[23] 太乙救苦天尊，又稱十方救苦天尊，或簡稱救苦天尊，與雷聲普化天尊同為玉皇上帝的左右配祀神。道經《太一救苦護身妙經》中記載：太乙救苦天尊化身於天地人三界，在天居於東方長樂淨土、在地獄薦拔亡魂、在人間則尋聲救苦，具有此三種神格。太乙救苦天尊原為《封神演義》中的人物，道教則尊其為東極青華帝君的化身，後因應化於十方，普救眾生，故又稱為十方救苦天尊。在《道教靈驗記》第五卷中所繪的太乙救苦天尊是坐於五色的蓮花座上，並由九隻口吐火燄之獅托著蓮花座，且有九色神光環繞天尊身旁。今日道教為死者度亡科儀中，依然是以太乙救苦天尊為主神，視其為道教地獄的救贖教主。詳見蕭登福著，《道教地獄教主—太乙救苦天尊》，臺北市：新文豐出版股份有限公司，2006年11月，頁3。游謙、施芳瓏作，《宜蘭縣民間信仰》，宜蘭市：宜蘭縣政府，民國92年7月，頁470-471。

事。【24】

　　「齋」，原義為「戒潔」。古人於祭祀之前，必先齋戒，而後交於神明。自唐代以後，常與「醮」字並稱為「齋醮」，習稱至今。【25】醮典期間，始「封山禁水」，嚴禁狩獵、耕漁、屠宰等行為，同時，境內人家必需配合醮典禁忌，不得食用葷食。

　　「醮」為古代一種禱神的祭祀，道教稱祈福禳災道場曰醮，或曰「打醮」。醮，亦可說是一種禮儀，因此，有祭神之禮即曰醮。【26】

　　「科」，可解作動作，即是本著一定程序敷演如儀。「儀」，為典章制度的禮節程式、法式、禮節、儀式等，如一般人所說的「行禮如儀」。【27】

　　協天廟五朝圓醮大典性質上為崇祀陽神、酬願天神之吉慶醮典。藉由圓醮活動，祈求諸天庇佑，使合境風調雨順，國泰民安。另一方面，也為地方上沉淪無依的孤幽，進行普度施食，超拔苦爽，使幽明得濟，合境平安。【28】

　　協天廟本次五朝圓醮大典，由基隆正一派廣遠壇李游坤道士團主持，道士人數近二十位之多，科儀之盛大可見一番。其主要科儀內容詳見表1。

【24】閔志亭著，《道教全真科儀》，台北市：文津出版社，1998年2月，頁7。

【25】李豐琳、謝聰輝合著，〈臺灣齋醮〉，頁34-35。

【26】閔志亭著，《道教全真科儀》，頁3。

【27】閔志亭著，《道教全真科儀》，頁6。

【28】李豐琳、謝聰輝合著，《臺灣齋醮》，頁34-36.

表1　敕建礁溪協天廟戊子年五朝圓醮內壇道教科儀一覽表

農曆日期	吉課		主要科儀
	班　次	時　刻	發表呈章
十一月九日	上　午	1：00-3：00	啟請諸天
		9：00~10：30	皇壇拜榜
		10：30~11：00	羅天大供
	下　午	2：00~3：00	請水
			安奉灶君
		3：00~5：30	三官真經
			北斗妙經
			星辰寶懺
			三元寶懺
		7：00~7：30	皇壇奏樂
		7：30~10：00	解冤赦結
			祝燈延壽
十一月十日	上　午	4：30~5：00	擂鼓起班
		5：00~6：00	朝覲天尊
		6：00~8：00	早朝科儀
		8：30~11：00	五斗真經
		11：00~12：00	午供
	下　午	2：00~5：30	朝天法懺一之四卷
		7：00~10：30	開啟朝聖
			敕水禁壇
十一月十一日	上　午	8：00~9：00	重白參聖
		9：00~12：00	午朝科儀

（續）　表1　敕建礁溪協天廟戊子年五朝圓醮內壇道教科儀一覽表

農曆日期	吉　課		主要科儀
十一月十二日	下　午	2：00~3：00	朝天法懺第五卷
		3：00~6：00	犒軍賞兵
			普施幽魂
			放水燈
		7：30	皇壇奏樂
		8：00~10：00	朝天法懺六卷、七卷
十一月十二日	上　午	8：00~9：00	重白參聖
		9：00~11：00	洪文夾讚
		11：00~12：00	午供
	下　午	2：00~3：00	朝天法懺第八卷
		3：00~5：00	晚朝科儀
		7：00	皇壇奏樂
		8：00~10：00	朝天法懺九卷、十卷
十一月十三日	上　午	7：00	重白收榜
		9：00~11：00	入丁三界
		11：00~12：00	帝君正朝
	下　午	1：30	讚龍科儀
		3：00	宿朝科儀
		4：00	賞軍犒兵
		5：00	賑濟大普
		8：00	敕符謝壇

（四）陣頭遶境

　　為配合本此五朝圓醮宗教慶典，協天廟乃於國曆十二月六日（星期六）辦理關帝祈福遶境暨夜巡活動。遶境範圍包含羅東後火車站、羅東市區、宜蘭市區、礁溪市區。當天上午九時，於礁溪國小集結出發，而後依序遶境羅東後火車站、羅東市區、宜蘭市區、礁溪市區，最後返回協天廟，結束一天的遶境暨夜巡活動。

　　本次遶境陣頭，熱鬧壯觀，聲勢浩大。其遶境陣頭除了神轎隊伍以外，還有許多由民間所組成的藝陣、社團隨行遶境。就廟方工作人員表示，參加遶境的隊伍相當踴躍，近兩百隊之多。具有相當程度的可看性，種類繁多，如大鼓陣、跳鼓陣、旗陣、獅陣、八家將、官將首、神將陣、大轎陣、和花車陣等。【29】

（五）施放水燈

　　醮典科儀中，施放水燈的目的在於為水路孤魂指引明路，向鬼靈表達信眾的虔誠，要請幽靈眾生上岸前來接受凡間盛宴、聞經聽懺，超拔孤幽返登西方極樂淨土，並祈求風調雨順、國泰民安。

　　協天廟五朝圓醮施放水燈儀式，於十二月八日下午三時，擇二龍村二龍河下游施放，由廟中爐主、頭家等協同道

【29】參閱呂宜珍，〈道教建醮文化在視覺藝術上之應用—以玄天上帝寺廟建醮活動為例〉，國立屏東教育教育碩士論文，頁77-90。

士驅車前往二龍河，進行普施幽魂科儀、施放水燈，召請儀式結束後，隨即返回內壇。

（六）賑濟大普

賑濟大普為整個醮典的尾聲，是全體村民共同參與的一項盛事。於五朝圓醮末日，即十二月十日下午四時三十分至九時三十分舉行。礁溪國小玉皇壇為主普壇，場面盛大熱鬧，人山人海。除玉皇壇外，其餘各壇柱亦於同時段舉行賑濟大普。賑濟大普的主旨，在於為賑濟寒林，以靖地方事。再者，祈合眾平安，淨土清泰。因此，十二月十日夜晚，各壇各柱醮場，設無礙淨供，備列香供，賑濟孤幽。另者，藉由聽經禮懺，資使孤幽同沾功德，免除輪迴之苦。

參、高雄佛光山寺簡介及其水陸法會的革新

水陸法會即設齋食供養水陸有情眾生，以救拔諸鬼的法會，是北傳中國佛教所有法會中最大、最殊勝的法會。全名是「法界聖凡水陸普度大齋勝會」。「法界」是指諸佛與眾生本性平等，理常一故，通稱法界。「聖凡」是指十法界中的四聖六凡，即佛、菩薩、緣覺、聲聞、天、人、阿修羅、餓鬼、畜生、地獄等。「水陸」是指眾生受報之處，分為水陸空三界，其中水裏眾生與陸地眾生，受苦較重，而空中飛行之眾生，須依陸而息，故包括於陸而為水陸，因此普

濟饑渴飲食，著重於水陸二處，故稱水陸法會。「普度」是指六道眾生悉皆度化使之解脫。「大齋」指不限制的普施飲食之意。「勝會」是法施之意，除施食外，又有誦經持咒之法施，令受苦眾生心開意解，得法水之滋潤，故名勝會，又「會」者聚集之意，救渡者與被救渡者，集會於一堂，飲食與佛法都在一起，故名為會。意即藉著啟建水陸法會普度大齋之功德，超度六道中受苦眾生，使之離苦得樂，趣入佛道。【30】

　　水陸法會的起源，據說梁武帝蕭衍曾夜夢神僧告之「六道四生，受苦無量，惟啟建水陸無遮大法會拔濟之，始能脫苦。」梁武帝便披覽經論，綜合慈悲梁皇寶懺、阿難遇面然鬼王一事等，建立平等施食之意，得寶誌禪師指教製作儀文，首在天監四至七年（505~508年），於金山寺啟建，由梁武帝當齋，至唐高宗時才流行於天下，而真正盛行是從宋代開始，主要依據宋神宗時東川楊鍔所撰《水陸儀》，現在通行的是清代匯集的袾宏（蓮池大師）《水陸修齋儀軌》。因此最早的水陸法會是由朝廷發起啟建，沿習至今，希望對十法界內六道眾生悉皆度化，除了施食以外，又有誦經持咒的法施，可令受苦眾生心開意解，得法水滋潤，藉此廣結善緣，共成佛事，因此功德最為殊勝。

　　舉辦水陸法會之意義有四：

　　1.上供十方佛，中供諸聖賢，下及六道品，等施無差

【30】依菴，〈靈山勝會水陸大意〉，《覺世》，1038期，75.12.11，頁5-6。

別。水陸法會的全名是「法界聖凡普度大齋水陸法會」，水陸不但請十方諸佛菩薩，以及聖賢、天龍八部，甚至水、陸、空等一切受難眾生，也一一邀請光臨壇場，接受布施供養，等於布施供養十法界。

2.萬人施，萬人捨，同結萬人緣。水陸法會有獨性、眾性之別，星雲大師度眾的風範是「普門」，使一切人都有機會結此善緣，所以叫萬緣水陸法會。

3.十方來十方去，共成十方事。信眾們不但在這勝會使先靈得度，皈依三寶，授十重戒法，並同時獲得普施十法界的功德利益。

4.所謂布施者，必獲其利益，若為樂故施，後必得安樂。所謂種瓜得瓜。「種如是因，得如是果」，生生世世都會有這樣的果實果報，任何所求都會使你得到利益。[31]

總之，參加水陸法會的意義在於學習平等心度眾，以無遮大會表達對一切眾生的友愛、關懷與好意。除了給予衣食外，更要以佛法令眾生入無餘涅槃，即沒有煩惱、生死、罣礙。

若法會由一般信徒共同發起、集資修設，稱為「眾姓水陸」；如果財力雄厚，發大心獨資營辦，稱為「獨姓水陸」。佛光山寺向以廣結善緣為原則，每次啟建水陸法會都希望以萬緣共成佛事，故稱「萬緣水陸法會」。

---

[31]心定，〈水陸法會的意義〉，《覺世》，1038期，75.12.11，頁26。

一、高雄佛光山簡介

　　佛光山寺位於台灣高雄縣大樹鄉，佔地十多甲，一九六七年由星雲大師所創建，是台灣佛教名剎和世界公認的佛教聖地，目前於海內外共有兩百餘所別分院，及眾多相關的多元事業。開山至今一直致力於人間佛教的推動，以「給人信心、給人歡喜、給人希望、給人方便」的理念，實踐「以文化弘揚佛法、以教育培養人才、以慈善福利社會、以共修淨化人心」的宗旨，建立歡喜融合的人間淨土。四十多年來，不斷在硬體建設上擴大增建、在軟體弘法上渡化接引。目前佛光山寺佔地已有百甲，僧眾一千五百位，海內外兩百餘所別分院遍及全球五大洲33國，[32] 信徒上百萬，以及其他眾多與其四大宗旨相關的多元事業。

　　為利益一切眾生，佛光山寺以佛教慈悲、無我的思想，建設莊嚴雄偉的殿堂與修持中心，以健全設備與各種活潑布教的方式，落實人間佛教意涵，更透過朝山禮佛、參禪打坐、念佛抄經、傳戒等修持，以及各項文教、慈善、弘講等活動，提供社會大眾一處淨化身心的淨土，使佛法得以走進社會，走入家庭，成為民眾調和生活步調、增進家庭和樂的妙藥良方，進而共同促進世界和平、社會和諧、人民和好、心靈和悅。

　　此論文探討的水陸法會，就是佛光山落實其四大宗旨之

【32】參閱佛光山宗委會，《佛光道場》，《佛光山開山四十週年紀念特刊8》，高雄縣：佛光山文教基金會，2007年，頁13。

一「以共修淨化人心」的重要項目之一。

二、佛光山寺水陸法會的緣起和革新

　　佛光山自創建迄今，舉辦水陸法會已有三十多年的歷史。根據《佛光山大事記》民國六十二年（1973年）四月八日，佛光山於清明時節首次設壇啟建「清明報恩孝道水陸法會」，以提倡報恩崇德，忠孝善行，並祈禱國運昌隆，普利十方，當時禮請前南京攝山棲霞寺退居住持，香港上明下常長老主法，有台港百餘位僧眾至各壇口誦經、禮懺，盛況一時。之後，佛光山於民國六十六年（1977年）、七十年（1981年）、七十五年（1986年）、及八十年（1991年）逢開山十週年慶、大雄寶殿落成、傳授三壇大戒等重大活動，亦分別舉辦過護國息災水陸法會。【33】此後即每年舉辦一次。在之前兩次水陸法會期間，佛光山寺偶爾會舉辦每人百元的萬緣法會三永日，【34】同時設立諸經壇、藥師壇和淨土壇，為參與者闔家消災薦往，並迴向法界。

　　隨著佛光山海外別分院的成立，此項法會也首次於一九八八年十一月二十六日在其美國洛杉磯別院西來寺盛大舉行一個月，為西方國家的第一場水陸法會。隨後西來寺

【33】佛光山宗委會，《佛光山大事紀》，《佛光山開山四十週年紀念特刊9》，高雄縣：佛光山文教基金會，2007年，頁18、24、32、75、102。

【34】佛光山宗委會，《佛光山大事紀》，《佛光山開山四十週年紀念特刊9》，2007年，頁18、24、32、75、102。頁28。

亦分別於一九九八年開山十週年、二○○○年佛教本土化
開闢英文壇口、及二○○八年傳授三壇大戒舉辦過水陸法
會。【35】佛光山規定其較小規模的分院不能獨辦水陸法會，
唯有規模大的別院可以每五年舉辦一次，且一年前即需向台
灣佛光山總本山提出申請，獲准後方得開始籌劃，由本山提
供法會進行時內壇的主要主法人力，其他完全由當地負責。

　　民國八十五年（1996年）五月二十七日為籌建佛光大
學建校基金，佛光山北區各別分院聯合在台北道場啟建為期
一週的水陸法會。【36】翌年同日，台北道場再啟建「都市型
水陸法會」，除內壇和延壽壇設於台北道場，其他外壇壇口
分設於台北普門寺、板橋講堂、基隆極樂寺、北投安國寺、
新竹法寶寺、桃園講堂、及內湖、永和、三重等禪淨中心。
此後即年年舉辦北區「都市型水陸法會」。【37】民國九十二
年（2003年）三月二十九日延伸至台灣中區，結合佛光山
中區所有分院，於彰化福山寺舉辦首次「中區萬緣水陸法
會」。【38】

【35】佛光山宗委會，《佛光山大事紀》，《佛光山開山四十週年紀念特刊9》，2007年，
　　　頁58、122、137。

【36】佛光山宗委會，《佛光山大事紀》，《佛光山開山四十週年紀念特刊9》，2007年，
　　　頁106。

【37】佛光山宗委會，《佛光山大事紀》，《佛光山開山四十週年紀念特刊9》，2007年，
　　　頁115。

【38】佛光山宗委會，《佛光山大事紀》，《佛光山開山四十週年紀念特刊9》，2007年，
　　　頁159。

三十幾年來，舉辦水陸法會一直都是佛光山僧信二眾重要的年度大事，這一、二十年則成為信眾一年一度至所期待的盛事。內壇法事也由早期外請主法，到佛光山僧眾能獨立主持。因此，每一年的這段期間，許多佛教徒都會放下手邊的工作前來參與，除了為祖先超薦、為眷屬祈求之外，也是信仰體驗中重要的修持。【39】

三、佛光山水陸法會的內容

啟建一堂水陸法會，需七晝夜才能功德圓滿，共分內壇、外壇七個壇口，外壇又分大壇（梁皇壇）、諸經壇、法華壇、淨土壇、楞嚴壇、華嚴壇供僧信二眾禮懺、修福。其中灑淨、焰口法會及圓滿日的送聖，是整個法會三大重點。總計一次水陸法會約需百位以上法師，動員人力、物力頗巨。

水陸法會雖分為七個壇場，其實是一堂整體的佛事，每一壇同等重要，缺其一就不能名之為水陸法會，每日分三時，至總回向壇宣讀文疏，昭告十方法界，將每日所誦經典功德回向，因此，水陸是不分內壇、外壇的，齋主們隨己發心，共同成就此一法會，就是最大的功德。因為，佛光山所舉辦的是「萬緣水陸大法會」，就是讓所有信徒參與勝會，同霑水陸功德利益，這種普門示現的方便法門，就是使十方

【39】參閱張美紅，〈聯合報鄉情版〉2000.1.3。

信眾利益均霑。誦經功德貴在自己的發心虔誠，發心愈大，虔誠愈深，則功德廣大愈是無可限量。

此法會的基本程序是：第一日外壇灑淨、外壇結界、遣使建幡；第二日請上堂、奉浴；第三日供上堂、請赦、齋僧；第四日請下堂、奉浴、說戒；第五日供下堂、齋僧；第六日主法親祝上下堂、放生；第七日普供上下堂、齋僧、迎上下堂至外壇、送聖，至此水陸法會即告圓結束。然而，若論法事內容，重點則在內壇。

（一）外壇法事

啟建水陸勝會，先當資其法力，所以，首先由外壇灑淨誦經，開啟道場。依水陸儀規制定，七個外壇各壇場諷誦經典，有一定的部數，而佛光山萬緣水陸大法會，各壇場諷誦經典，常會比原先水陸儀規中所制定的部數，及誦經的法師都要來的多。

大壇：梁皇寶懺壇二十四部、慈悲三昧水懺二部、梵網經心地品四十八部、金剛經一二○部。

藥師壇：藥師經一二○卷。

淨土壇：阿彌陀經二○○部。

諸經壇：無量壽佛經二十四部、觀無量壽經二十四部、金光明經二十四部、圓覺經二十四部、地藏經二部。

法華壇：大乘妙法蓮華經二十四部、楞嚴經二十四部。

華嚴壇：大方廣佛華嚴經：十二部。

此外，尚啟建瑜珈燄口五堂。

（二）內壇法事

內壇佛事從法會第三天凌晨二時起，結界灑淨然後開始發符懸旛，請上堂、供上堂、告赦、請下堂、幽冥戒、供下堂、圓滿供、圓滿香、送聖，可以說內壇佛事主要是與四聖六凡交流，是整個水陸的心臟，由於內壇佛事繁重，加上主法者必須專心觀想。因此，內壇必須結界，以防外人闖入壇場，由壇主以上之功德主，代表所有功德主參加禮拜佛事，近十年由於場地的擴大，已開放予所有發起人。

依儀規，內壇（圖4）的布置，分上下二堂，每堂各十席，唯自第十二席分出廿一、廿二席，自第十四席又分出廿三席，或增加正薦，共二十四席。每一席上均掛有所禮請的四聖六凡畫像，每席總列牌位十座，席位上列香華及種種妙供。內壇法事依時間先後略述如下：

1.結界：內壇法事首日行事是啟壇結界與發符懸旛。

法事於清晨二時起。結界的意義是：道場由外壇誦經開啟，諸佛、菩薩等聖眾光臨壇場，因此必須灑淨清潔壇場內外，為防閒雜人等出入壇場，污犯淨界，所以必須結界。

結界有三：

1.初結地方界：當願此地之下，深百由旬，如淨琉璃，永無垢穢。

2.次結方隅界：當願此道場內，周市四方，如金剛城牆，堅固莫犯。

3.三結虛空界：當願此空之上，過百由旬，香雲普覆如

如大寶蓋。【40】

　　承「大悲咒」淨水功力，道場的香花、飲食，一切供事，皆生出無量之莊嚴，作法事的沙門及大眾，一一根塵無不清淨，修齋施主一一身心無不完整；乃至界外往來之人，身衣不潔，飲噉葷辛，或故意，或無心入此壇內，承此咒力，淨水力，皆化為清淨。道場上下四方廣、博、嚴、淨，如諸佛剎，可啟建法會。

圖4　佛光山水陸法會內壇

2. 發符懸旛

　　法事於上午八時開始。一田壇場醸淨之後，接著要昭告人天，好比宴請賓客，必先發放請帖，通知貴賓前來赴會。

【40】依菴，〈靈山勝會水陸大意〉，《覺世》，1038期，75.12.11，頁11。

水陸法會普同供養十法界，佛菩薩只要一念就能獲得感應，六道群生，只要頻頻呼喚邀請，也會前來，只怕惡業重者，正苦留連，必須仰賴使人之捷疾，往天、空、地、冥四界去邀請。據說，這四大使者，[41]內修菩薩行，外現神王，披金甲而曜日增輝，乘寶馬而鸞鈴振響，步山涉海，應念而來，此界他方剎那即至。四位使者應念而登壇場，受齋主香、燭、茶、飯、疏、果、紙馬等的供養，由正表、助表述偈、持咒，先宣請書，再宣符牒，香燈將四張請書符牒，分別放於四天使者背囊，將馬運至舖有淨材（稻草）的廣場上，鳴炮後，引火焚化，四位天使受命持符牒、疏文、往天、空、地、冥去昭請眾聖神靈了。

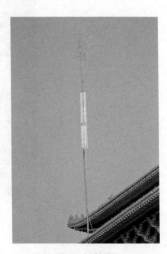

圖5 大寶旛

　發符法事圓滿，茲當升揚寫著一支「啟建十方法界四聖六凡水陸普度大齋勝會道場功德」的大寶旛（圖5），先迎四聖以光臨，次召六凡而赴會。日天懸掛大彩旛，晚晚上則以九蓮燈（圖6）代替，高高的懸掛著，讓赴會者，遠遠皆

---

[41]四大使者為四天捷疾持符使者、空行捷疾持符使者、地行捷疾持符使者、地府捷疾持符使者。

能得見。

　　結界後，香燈取「大榜」備硃筆，請主法法師畫行，打印，發符懸旛後，香燈將「大榜」張貼在懸旛處。【42】

圖6　懸掛九蓮燈

　3. 奉請上堂

　　請帖發出了，既通誠於三寶諸天，當可應請上堂十席：諸佛、菩薩、緣覺、聲聞、明王、八部、婆羅門仙、梵王帝釋廿八天，盡虛空宿曜一切尊神等，光臨壇場。故次日凌晨二時，香燈師需備妥龍轎、浴亭、佛衣、架好仙橋。

　　入壇前先請一切聖賢至沐浴所（福壇）沐浴。諸佛原不染塵，但為欲眾生皆令離垢，因此澡除心垢而得清涼，使群

【42】依菴，〈靈山勝會水陸大意〉，《覺世》，1038期，75.12.11，頁12-13。

生開妙悟故。

　　在浴亭前，誦「沐浴真言」時，將鮮花香壇木散於盆內，焚化佛衣，浴罷，法師、齋主向浴亭問訊，請諸聖入內壇，諸聖從浴亭出二，經由仙橋至內壇，法師及齋主依次繞上堂十席，誦「獻寶座真言」，主法觀想道場廣博嚴淨，無量寶座，並代六道群靈奉請禮拜三寶，要等法師登壇宣說幽冥戒法時，六道群靈方可入內壇參禮座席。【43】周帀虛空，一切聖賢，安居其上。接著，在諸聖席前一一獻香、獻花、灑淨，最後，主法讀「懇禱文」後，禮佛三拜，奉請上堂法事圓滿。【44】

　　4. 奉供上堂

　　供上堂是既蒙諸佛、菩薩一切賢聖等光臨壇場，理應備醍醐上味，宣栴壇之清芬，如法供養，猶如客人來了，理應備筵請客一樣。法事八時開始，大眾誦「變食真言」時，香燈持淨水，灑淨於上堂十席的供桌上。主法觀想此淨食，生出種種甘露上味，及香湝佳饈，六塵互徧，彌滿法界。

　　正助二表依上堂十席次第奉供，香燈則領齋主，跟隨主法，逐席拈香三拜請食。供上堂畢，齋主長跪桌前獻六塵供——香、花、燈、寶、衣、法六種，主法觀想十方諸佛法僧，見此妙供，各徧法界，納受供養，悉皆歡喜。六塵妙供，一一供養完畢，主法觀想能供之人，所供賢聖，及所供

【43】依菴，〈靈山勝會水陸大意〉，《覺世》，1038期，75.12.11，頁16。

【44】依菴，〈靈山勝會水陸大意〉，《覺世》，1038期，75.12.11，頁14。

物，悉皆無有，三輪體空，為真法供養，作此想時，三寶聖賢，咸皆歡喜。隨後大眾諷誦八十八佛懺悔文，主法齋主齊跪，對三寶普說水陸緣起，拳拳懇禱，明聲朗誦。最後在二表讀疏文聲中，供上堂圓滿。既請上堂已，至法會圓滿，每日均需上佛供。【45】

　5. 告赦

　告赦的意義是，已蒙諸聖垂慈攝受，敬田已植，更應悲憫六道群靈，所以告達司事天神，釋放被禁六道裙靈。具體來說，這是祈求大梵王諸天和大帝釋尊天「特赦」的法事，惟願三途眾生息苦輪，總會除熱得清涼，皆發無上菩提心，同出愛河登彼岸。

　法事於凌晨三時開始。首先至心奉請神通自在威德難量梵釋二天捷疾持赦使者並諸眷屬降臨法會。供奉飲食後，持赦使者，攜持赦書、赦牒，及下堂緞貌一副，直奔釋梵二天去，其法事與發符佛事同。

　在告赦同時，由大壇誦「小齋天」，即供佛齋天之意，諸佛龍天已經被請入上堂十席，所以要供佛齋天。告赦完畢，內壇香燈要誦地藏經，仗地藏菩薩度眾悲願濟拔三途受苦眾生。是日中午於總回向壇放生。【46】

　6. 召請下堂

　六道群靈，既蒙赦放，眾苦皆離，應可赴此勝會，同

【45】依苺，〈靈山勝會水陸大意〉，《覺世》，1038期，75.12.11，頁14-15。

【46】依苺，〈靈山勝會水陸大意〉，《覺世》，1038期，75.12.11，頁15。

沾法益，所以有此奉請下堂法事。法事在第三天的上午十一時卅分開始，與「請上堂」儀式雷同。請下堂召請下堂十四席，五岳河海大地鬼神、往古人倫、阿修羅眾、冥官眷屬、地獄眾生、幽傀滯魄、無主無依諸鬼神眾、旁生、中陰等六凡眾生來受甘露味。

召請畢，香燈將六道牌交與齋主，齋主捧六道牌位隨法師至浴亭，六道牌位放浴亭內，先散香花於盆內，誦「沐浴真言」時，並在浴亭前燒「冥衣」。浴畢，六道牌再捧置內壇入口的天香几上，為六道群靈誦咒，令其六根及三業清淨，信心通達

7. 授幽冥戒

授幽冥戒主要是為六道眾生洗滌前愆，淨其業識，使其有受濟度的基礎。第三天傍晚七時，為六道眾生傳授幽冥戒。

法事開始，香燈領齋主將六道牌位捧迎入壇，放案桌上。主法觀想六道群靈及受薦亡者，各各長跪合掌，乞授戒法，主法鳴尺，先授三皈依，再引導亡靈於三寶前發露懺悔；行懺悔法後，勸勉亡靈發菩提心，立四弘誓，懺悔發願後，進求戒法。齋主捧牌位長跪，主法鳴尺開示十重戒法。授淨戒已，法師繞佛為六道群靈念佛千聲，齋主捧六道牌位隨後，念佛畢，參禮三寶。

接著，主法齋主問訊出位，從下堂第一席，依次乃至十四席，一一送位上香問訊，最後誦「安座位真言」，繞壇念佛五百聲，誦普賢行願品，三皈依後法事圓滿。授幽冥戒

後，翌日上午七時，內壇香燈拜水懺。亡靈受戒之後，仍需消除業障，修行佛道，必需不斷的消除業障，斷惡修善，才能與佛心相應。【47】九時，上佛供。

8.供下堂

受幽冥戒後，成為佛弟子的六道群靈，業識已淨，可入壇列座安享法味。供下堂即是供養法界六道群靈的佛事。儀式與供上堂雷同，最後在《佛說阿彌陀經》，繞佛、三皈依回向中結束。

請六道群靈用食，不但宣說佛離苦得樂之法要，食畢獻寶後，並誦阿彌陀經，為六道群靈介紹西方淨土，得安住身心。

從授幽冥戒，到供下堂，可以了解，水陸法會的意義是讓六道群靈，過去未發菩提心者，因參加此一水陸勝會道場得發菩提心，未脫苦輪者，因此得不退轉，未成佛道者，因水陸勝會而得成佛道。

是晚六時，於大雄寶殿前施放七堂燄口，施食地獄眾生。【48】

9.圓滿供

第五天早上九時「圓滿供」開始，先備妥供菜、上下堂廿四席，因為是四聖六凡普同供養，因此稱圓滿供。

儀禮與供上堂，供下堂相近，法師與齋主至廿四席前，

【47】依菴，〈靈山勝會水陸大意〉，《覺世》，1038期，75.12.11，頁16。

【48】依菴，〈靈山勝會水陸大意〉，《覺世》，1038期，75.12.11，頁17。

乃至韋馱、伽藍前，一一上香。三稱「大行普賢菩薩」，接念齋佛儀，變食真言、甘露水真言，供養真言，蓮池海會讚，最後以「四生登於寶地，三有托化蓮池，河沙餓鬼證三賢，萬類有情登十地」偈結束。【49】

10.圓滿香

法味資神，慧性斯發，六道群靈歡欣交暢，勝會將圓，勝緣難遇，急當趁此出離苦海，永不沉輪，故以念佛求生淨土。

圓滿香法事，在第五天中午十二時舉行。主法為六道群靈開示法要，指歸淨土，修念佛三昧。主法觀想，殷勸一切群靈發四十八願，懺悔業因，接受超度。

主法與齋主出位至廿四席一一上香，歸位後，法師宣誦「證盟疏、牒」，將所修功德由司判官送判，五位司判官是：天府功德司制官、中界功德司利官、地府功德司判官、上堂俵錢貌司判官、下堂俵錢貌司判官，司判官騎寶馬焚化後，圓滿香法事圓滿。【50】

11.送聖

佛事功德圓滿，奉請諸聖賢，理宜恭送使各回本位。

一般在最後一天下午二時，佛事開始，大眾同唱香讚。接著，正表白：「上來修建法界聖凡水陸普度大齋勝會道場，良宵圓滿奉迎聖駕暫住佛殿，大眾一心念佛引導。」

【49】依菴，〈靈山勝會水陸大意〉，《覺世》，1038期，75.12.11，頁17。

【50】依菴，〈靈山勝會水陸大意〉，《覺世》，1038期，75.12.11，頁17。

此時大雄寶殿前，成佛大道兩旁，羅列著莊嚴整齊的隊伍，有鼓陣，獅隊，依佛光山分別院信徒分組，有些捧蓮花，或捧爐，或持金元寶，或提花藍，或持幢旛及鼓樂隊，或執旗，及懺主們列隊恭迎送聖諸師。

　　當大殿的鐘、鼓齊鳴，法師們出壇。先由執法器的法師、清眾，接著是十大師，然後，助表、正表、主法、方丈出壇，知客領齋主最後，諸師得繞丹墀一圈，除鳴鑼、吹樂、持旛、執燈、執爐不入殿外，餘者再入大殿。

　　三稱「南無大悲觀世音菩薩」後，誦大悲咒。香燈持甘露淨水淨席盤，法師、齋主隨後熏香，誦十小咒、心經及祝延讚，回向。

　　法師與齋主一同向上問訊，轉身向丹墀立，香燈收五色紙牌、大榜及證盟疏至丹墀的化紙爐焚化。鳴炮，大眾齊唱「佛慈廣大讚」，接誦「奉送真言」。大眾念佛，鐘鼓齊鳴，香燈領大眾出大殿，送聖行列行抵不二門前廣場上，廿四席牌位各置淨盆內，依序排列。念佛號聲止，三法師逐席奉送。主法觀想諸佛、菩薩、緣覺、聲聞、祖師、仙道、諸天、諸神等乘空而去。修羅、畜生、餓鬼、地獄等皆往生淨土。奉送時，逐席焚化，接著，三稱「南無清涼地菩薩」，齋主三拜後，誦「大悲咒」、「變食」等真言，接著，將旛官面朝外，足下置紙錢、焚化，鳴炮、誦「蓮池海會讚」，各壇口之疏文、超薦等牌位及紙燈等，皆置於「西方船」內一併焚化，普願法界眾生同生西方淨土，永斷生死苦厄。同時舉行放生典禮。最後正表告大眾「法界聖凡水陸普度大齋

法會圓滿。」大眾再念佛回大殿三皈依，全部勝會斯時功果圓滿。【51】

肆、礁溪協天廟建醮與佛光山水陸法會之比較

前兩章已分別簡介過礁溪協天廟道教的圓醮與佛光山寺佛教的水陸法會，本章將就二者的啟建因緣、組織運作、經費籌募、參與對象、儀式進行以及社會教化功能逐項比較說明如下：

一、啟建因緣

礁溪協天廟為祈求地方平安，同感謝神恩庇佑，需擲筊請示關聖帝君，獲得允許，才可籌辦建醮盛典。佛光山寺為護國息災、讓參與者學習無緣大慈、同體大悲，普同衣食法供養一切眾生，令入沒有煩惱、生死、罣礙的無餘涅槃，常利用開山整十週年、佛殿落成或傳授三壇大戒等重大活動，發啟水陸法會，並經該寺由九人組成的最高決策單位宗委會通過，才能籌辦。前者依賴神旨；後者人為主導。

【51】依菴，〈靈山勝會水陸大意〉，《覺世》，1038期，75.12.11，頁19-20。

二、組織運作

礁溪協天廟建醮盛典，以十二年為一次做基準，三十六年為一輪，一輪醮事舉辦完畢，須待六十年，並向關聖帝君請示允許後，始復舉辦清醮盛典，再組織一臨時建醮委員會籌備。此次委員會由吳朝煌擔任主委，下設總爐主、總督導各一名，副主委十四人，總務組長、財務組長、會計組長、祭典組長、宣傳組長、文獻組長、活動組長、膳食組長、美化組長、接待組長、公關組長、和監察組長等12名，以及江永和總幹事和七位副總幹事。籌備委員成員中許多亦是此次圓醮大典的主要捐助者，可見於醮首斗燈聖號榜文中。籌備委員一生能參與此項聖會已屬難遭難遇，要能非常熟悉其籌備和運作，就難上加難。且該協天廟沒有任何道士住持，在宜蘭地區又沒有熟練圓醮科儀的道士，故只能委請基隆正一派廣遠壇李游坤率二十位之道士團主持。

佛光山寺宗委會通過舉辦萬緣水陸法會後，即交付都監院總策劃，其屬下單位寺務監院室籌辦執行。寺務監院室包括法務組和總務組，法務組負責佛光山寺所有法會佛事及佛光山內各大殿堂的管理。總務組管理所有食宿單位、採購和修繕等。水陸法會通啟印製好，即交予各殿堂和海內外各別分院同時齊力招募。由於該寺著重教育文化，培養上千年輕有學的僧眾，能承擔每年度舉行的萬緣水陸法會所有法事，其現代化的組織管理和遍佈世界五大洲的別分院，是成就萬緣參與的主因。雖然早期內壇主法一樣需要外請高僧來主持，但不稍幾年的學習，近十年來佛光山寺的僧眾已能獨自

承擔此項大法會所有的工作，因此節省了不少經費。

　　由上述組織運作來看，前者礁溪協天廟建醮盛典的籌備為臨時性的人事組織，該組織並網羅了功德主參與籌備委員，對這些信徒是種肯定和鼓勵，有激發其向心力繼續護持協天廟的作用。但是一個臨時性組織較缺乏經驗和默契，可能在其運作上易出現瑕疵。據聞因道士團人力不足，故請當地道士主持二龍河施放水燈儀式時，就出現了問題；後者佛光山寺水陸法會的籌辦則為經常性有經驗和默契的組織，以原有寺務監院室執事僧眾為主，也不特別列名表彰，但對於該法會的總會主、會主、壇主、懺主等發心發啟此法會的功德主，則會列名榜文和文疏中。

　　礁溪協天廟建醮盛典和佛光山寺水陸法會的籌辦在組織運作上雖有不同，但可以肯定的是都需要仰賴組織來運作，才能圓滿成就。且兩者都動用了許多臨時義工，這點卻是相同的。

三、經費籌募

　　道教五天的建醮和佛教七天的水陸法會都是各自教內最大的盛典，耗費極大，經費多寡直接影響到盛會的成敗。因此，經費籌募是主要籌備工作之一。礁溪協天廟圓醮功德分兩種：一種是自發性的捐助，最高一三六萬元關聖帝君首，其他依序為八十六萬元關聖夫人首、 六十萬元分別為周大將軍首、周大太子首、玉皇首、三官首和觀音首等五

位，三十六萬元則各別為呂恩主首、元辰首、天師首、福德首等多位，十二萬元為東山主、事業主不等，這幾位都是內壇少數隨拜的代表，只限男性，女性止步。另外總爐主一名，每村有一位爐主（捐款六萬二千元），一至五位不等的副爐主（每名捐款三萬八千元），十二至三十七位不等的頭家（每名捐款一萬二千元），這些功德主大部分為當地人，極少數為來自其他縣市協天廟的信徒；另一種是礁溪八大村（德陽村、六結村、二龍村、白鵝村、三民村、大忠村、大義村、林美村）所有村民家家戶戶各出資三千元，稱為「喜緣金」，讓廟方代辦物品。如為境內外教徒的家庭，並不勉強。另外，亦可出錢讓廟方代辦敬品籠（每個一百五十元）、租用敬桌（每桌一百元）、神尊建醮（每尊二千元）、醮燈、醮彩（每組二百元）、素食祭品（每桌一千元）、和豬公架租借（每架二百五十元）等。

　　佛光山寺萬緣水陸法會的募款，是透過其海內外別分院籌募，故參與者半數為佛光山海內外別分院的信徒。募款方式採單一的自發性隨喜功德，再隨其發心功德金額方便給予總會主（一百萬元）、會主（五十、三十、二十萬元）、壇主（十萬元）、懺主（五萬元）等稱呼。然而由於此法會是集合萬緣成就的，且場地寬敞，故所有發起人（一萬元）亦都可進入內壇隨拜，沒有男女之分。佛光山北區和中區萬緣水陸法會，則結合該區多所別分院道場，故參與者幾乎為當地人。

　　礁溪協天廟圓醮籌款，利用自發性和強制性兩種方式，

但範圍侷限在礁溪八大村；而佛光山萬緣水陸法會以自發隨喜贊助為主，範圍遍及全世界。唯其在台灣北區和中區的水陸法會，則屬區域性法會，較似礁溪協天廟的區域性的圓醮。但佛光山寺萬緣水陸法會功德項目，除了總會主、會主、壇主、懺主、和法起人等簡單幾項建議贊助額外，其他就是幽冥戒和供齋的隨喜功德。

四、參與對象

礁溪協天廟圓醮盛典的參與對象，除了主辦單位、大量外壇看守、廚房料理三餐和供菜等的義工外，主要可分為兩種：一種是內壇六位（有時會有增減）隨拜的男性功德主代表；另一種是八村的村民，只能在家門口設香案、素果迎神、燒金鳴炮。並在五天內茹素，但無法入內壇跟著禮拜誦經或登入外壇參觀獻供。

佛光山寺萬緣水陸法會的參與對象，同樣除了主辦單位執事、香燈、文書、和大量廚房料理三餐和供菜等的義工外，主要就是在內壇和外壇實際參與誦經隨拜者，當然七天內也都茹素。

兩者的參與對象投入程度不同。礁溪協天廟圓醮盛典的參與對象有內有外，在內壇主法的道士和信徒代表五天茹素是理所當然，而能動員居住在廟外沒有實際進入壇場參加原醮儀式的鄰近八村居民，全面實施五天茹素，及境內所有商家全面販售素食，實非易事。筆者置身其境，都可以感受到磁場的清淨。若非因此圓醮百年難見，加上圓醮期間茹素已

成為當地的不成文習俗的話，是不易辦到的。佛光山寺萬緣
水陸法會就無法做到如此在地化的影響，但其實際參與對象
的全面參與誦經普施，卻是自度度他欲達究竟解脫的訴求。

五、儀式進行

　　礁溪協天廟五天的圓醮盛典結合地方民俗文化，儀式主
要包括立壇柱、豎燈篙、齋醮、陣頭繞境、施放水燈和賑濟
大普。而佛光山寺七天的萬緣水陸法會旨在以法相會，儀式
主要內容為結界、發符懸旛、奉請上堂、奉供上堂、告赦、
召請下堂、授幽冥戒、供下堂、圓滿供、圓滿香和送聖。但
兩者共通點，都是透過內外壇誦經科儀，召請聖眾，普施以
賑濟孤幽等。並藉由聽經禮懺，資使孤幽同沾功德，免除輪
迴之苦。但推動著眼點不同，故各有特色。為扣住本論文社
會教化意義的主題，故不在儀式內容的細節上贅筆比對，只
針對儀式進行中呈現的現象，略為比較說明如下，

（一）主祀神佛有別

　　礁溪協天廟主祀神關聖帝君，是被神格化的人。而佛光
山寺主祀三寶佛，也是由人證得佛界。關聖帝君即是佛教的
護法神伽藍菩薩，二者在修道的證悟境界上，懸殊極大。因
此，召請應供的對象亦有差異，礁溪協天廟圓醮盛典召請天
界諸神及孤幽等；而佛光山寺萬緣水陸法會則是召請十法界
的諸佛、菩薩、緣覺、聲聞、明王、八部、婆羅門仙、梵王

帝釋廿八天、盡虛空宿曜一切尊神、和五岳河海大地鬼神、
往古人倫，阿修羅眾、冥官眷屬、地獄眾生、幽傀滯魄、無
主無依諸鬼神眾、旁生、中陰等六凡眾生來受甘露味。後者
召請來赴會的十法界眾生高出前者許多。

（二）燈篙數目懸殊

　　道教所豎「篙」數，依建醮規模大小，而有所不同。燈
篙通常豎立於廟前的空地，分陽竿和陰竿，陰陽分開，左邊
為陽竿，對天界神祇，竿上分別懸掛天旛、天布、醮旗，中
央最高竿懸掛天燈一盞。右邊為陰竿，對陰間鬼魂，竿上懸
掛招魂旛、地布、地燈（俗稱七星燈）等。「燈篙數」會因
醮事舉辦規模的大小而有一、三、五、七之差別。然而，本
次協天廟於廟前所豎立的燈篙並非五或七，而是豎立六支燈
篙，此種情形，有別於其他地方之宗教風俗。加以燈篙上所
懸掛之天布、天錢、旗旛等稱法及式樣亦與其他地區所見多
所不同。另外，所有境內八村在內外壇口四周結界處均懸掛
整排蓮燈。更有別於佛光山寺水陸法會的發符懸旛，只豎一
支「啟建十方法界四聖六凡水陸普度大齋勝會道場功德」的
大寶旛，先迎四聖以光臨，次召六凡來赴會。白天懸掛大彩
旛，晚上則以一串九蓮燈代替，高高的懸掛著，讓赴會者，
遠遠皆能得見。兩相比較，後者懸旛顯得簡單多了。

（三）外壇儀式有異

　　礁溪協天廟五天的圓醮盛典，於境內八村設立的八個外

壇，不誦經只設供，並有專人管理，其他人均不准進入。這些外壇依各村副爐主和頭家捐助的多寡，而有大小之分。但都結合了忠孝仁義、因果報應等傳統民間故事，乃沿襲自過去農業社會平常少有娛樂，藉廟宇建醮設壇的彩繪，提供鄉民聚會聯誼和教化的功能。佛光山寺水陸法會依水陸儀規，制定七個外壇，各壇場諷誦經典，有一定的部數。外壇保持全天候誦經，開放予所有的參與者。外壇的大小取決於諷誦經典的多寡和參與者人數而定。而佛光山寺萬緣水陸法會，各壇場諷誦經典，常會比原先水陸儀規中所制定的部數，及誦經的法師都要來的多。兩者的外壇各有千秋，各扮演了不同的社會教化功能。

（四）供品不合環保

　　礁溪協天廟「護國祈安五朝圓醮大典」活動，自國曆十二月六日至十二月十日為期五日，礁溪鄉八大村境內，為配合醮典盛事，遵循傳統封山淨水的禁忌儀規，境內全面持齋守戒，一律禁止屠殺生靈、狩獵、釣魚等，飲食業者亦配合忌規，於醮典期間內全面提供素食餐飲。而該廟各執事人員則提早三天，自十二月三日豎立燈篙開始茹素。眾人透過五日的齋戒，以表虔敬、清淨之心。然而，在最後一天的內壇儀式上，卻有主持道士先後甩轉一隻白雞和一隻白鴨，並當場弄傷它們取其血蓋印，和殺神豬祭拜以及最後供葷食超度普施地府眾生等，都與本活動封山禁水持齋守戒本意相違背。據聞此神豬被宰殺，是為眾生承擔罪業，試問被當神豬

來宰殺祭祀是這隻神豬自己的意願嗎？還是人為決定？難道除了虐待生禽、殺生祭祀就沒有其他替代方法嗎？此外，地府眾生因造太多惡業，尤其是殺業，才在地府受苦，如今欲超拔他們，又殺生祭拜，不是反而增加他們的罪業嗎？再者，二龍河放水燈後，隨其漂流易造成河流污染，有違社會教化，尤其對幼兒的生態環保的生命教育。佛光山寺萬緣水陸法會沒有類似爭議性問題，唯有最後圓滿送聖時火化西方船，亦有可能造成環境污染。

六、社會教化

　　礁溪協天廟圓醮盛典結合鄉公所多種文化公益活動，如「礁溪有愛，米粒傳情」十一月三十日的千人接力，將十二萬斤溫泉米，傳送到礁溪國小操場，疊成台灣圖形，圓醮後分送全國各角落。又與佛光大學社會研究所合辦「民間信仰與關公文化國際研討會」，邀請臨近專家學者發表相關學術研究論文等。本次建醮盛典，經由眾人的同心協力，通力合作，完美的將宗教信仰、地方民俗、傳統藝術、文化教育等不同的範疇作了結合，其所呈顯於眾人眼前的，是一個完整且具有系統統合的民俗活動，而非單一、鬆散的活動架構。

　　協天廟「護國祈安五朝圓醮大典」活動期間，礁溪鄉八大村境內村民全面茹素，禁止屠殺生靈，飲食業者亦全面提供素食餐飲。眾人透過五日的齋戒，以表虔敬、清淨之心。無形之中具有一定程度的約束力及制約力量，是很好的嚴守

道德、尊重生命的社會教化。實非一般都市地區所能夠比擬的。

　　佛光山寺萬緣水陸法會的意義在於學習平等心度眾，以無遮大會表達對一切眾生的友愛、關懷與好意。除了給予衣食外，更要以佛法令眾生入無餘涅槃，即沒有煩惱、生死、罣礙。另外，參與者藉著該法會七天的朝夕相處和同參共修，不但淨化自己的身心和三業，更促進和諧的人際關係、激發向上提昇的力量、瞭解肯定自我的價值、和培養濟世利人的悲心等。都是當前社會提倡生命教育所著重的課題。

伍、結論

　　經由上述礁溪協天廟「護國祈安五朝圓醮大典」和佛光山寺「萬緣水陸法會」的比較分析後，可確認兩者都具有強烈的社會教化意義，且扮演著極為重要的社會教化功能。

　　規納其同異如下：

　　一、礁溪協天廟「護國祈安五朝圓醮大典」和佛光山寺「萬緣水陸法會」都是經由設立內外壇口、立篙懸旛、請諸聖靈、普施誦經、和濟度幽靈等科儀，及要求參與者齋戒淨心共同來完成。

　　二、礁溪協天廟「護國祈安五朝圓醮大典」和佛光山寺「萬緣水陸法會」都需要藉助組織運作、籌募經費、義工投入和信施參與等共同成就，但是經費的籌募都受到大環境經濟不景氣的影響。只是前者屬臨時性組織，以在家人為主，

仰賴外請的道士主持所有科儀；後者為常態性組織，以僧眾為主。前者利用自發性和強制性兩種方式籌款，功德項目較多元，但範圍侷限在礁溪八大村；而後者則以自發隨喜贊助為主，範圍遍及全世界。唯其在台灣北區和中區的水陸法會，則屬區域性法會，較似礁溪協天廟的圓醮。

三、礁溪協天廟五朝圓醮的舉辦，維妙地拉進了人與人之間的距離，並且統合了各社群彼此間的資源力量，建構了一個密切的關係網絡。佛光山寺萬緣水陸法會參與者，藉著該法會七天的朝夕相處和同參共修，不但淨化自己的身心和三業，更促進和諧的人際關係、激發向上提昇的力量、瞭解肯定自我的價值、和培養濟世利人的悲心等生命教育。

四、協天廟五天「護國祈安五朝圓醮大典」活動，礁溪鄉八大村境內全面茹素，禁止屠殺生靈，飲食業者於醮典期間內全面提供素食餐飲。眾人透過五日的齋戒，以表虔敬、清淨之心，無形之中型成一定程度的約束力及制約力量。唯最後的甩雞鴨求血印及殺神豬祭拜，有違生命教育。佛光山寺萬緣水陸法會本就茹素，且從潔淨的衣履到內在心靈清淨的準備，從虔心的祈求到恭敬的禮拜，從在家一個人的修持到道場中數萬人的共修，威儀的訓練、禮儀的學習、單純的生活、對人的體貼，數萬人共處一處卻莊嚴無聲的秩序、整齊，乃至於在法會中所體驗到的歡喜感應，在在都是一場身心淨化的過程。

五、協天廟「護國祈安五朝圓醮大典」展現在地文化的特殊性，如「豎立六支燈篙」、燈篙上所懸掛之天布、天

錢、旗旛等稱法及式樣亦與其他地區不同，與「施放水燈」最具地方性代表特色。再次，「施放水燈」為建醮科儀中另一項重要的儀式活動。一般水燈的施放，大多在賑濟大普之前一晚或是前兩晚，於舉辦施放水燈科儀後施放。然而，協天廟的水燈施放，卻是於賑濟大普前兩日之下午三時於二龍河下游施放，其由道士先行舉行施放水燈科儀，召請水中孤幽，後施放水燈。在時間的安排上，實有別於一般建醮科儀之日課時序。是研究一個區域文化重要的指標對象和研究課題。可見協天廟亦試著在打破傳統。而佛光山寺萬緣水陸法會早已做過許多革新，如增加人力使會期由一個月縮短為七日、結合台灣北區佛光山別分院開創「都市型水陸法會」、在美國首辦水陸法會及設立英文壇口。

　　六、由兩者內外壇的設立，壇柱設立的大小規模，不難看出神界眾神與現實世界一般，具有主從關係與尊卑序位的劃分。更顯著的地方，在於標誌陰陽有別的宗教思維概念。如此的思維體系，可說是人們現實社會的投射，認為三界中均具有嚴密的階層劃分。是故，人們常為其作所形塑，同時應著不同的宗教需求而將其合理化。因此，一般人均普遍認為並相信，陰界的社會如同現世生活，仍具有一定的地位階層之分，有著主從、高低之別。

　　七、礁溪協天廟圓醮盛典配合鄉公所多種文化公益活動，將宗教信仰、地方民俗、傳統藝術、文化教育等不同的範疇作了完美的結合，吸引了許多外來觀光客和學生做實地田野調查。透過本次的圓醮活動，一方面除了體驗礁溪在地

文化的熱情和多元以外，重要的是，透過本次盛典活動的舉辦，完美的將礁溪在地之有形及無形文化資產作所結合，系統且完整的呈現於眾人的眼前，此舉，對於礁溪在地文化的傳承，有著極為重要的精神象徵。更甚者，透過文化的承傳，茲以建構一個更趨完整的歷史價值與文化脈絡。此非佛光山寺萬緣水陸法會著重以法相會所能及。

八、礁溪協天廟「護國祈安五朝圓醮大典」活動，可說是礁溪地方極為重要的宗教盛事。此次主辦區礁溪鄉境內八大村民無不以無限歡欣、喜悅的心情，自動自發的參與及投入本次的活動任務，表示眾人對五朝圓醮活動的重視和共同榮耀，無形之中提高了村民對礁溪鄉的認同和愛護。佛光山寺萬緣水陸法會的參與對象，雖然廣及全球五大洲，但是較侷限在其信徒，無法達到如上對鄉里的認同和付出。

九、 協天廟「護國祈安五朝圓醮大典」活動，包含內壇與外壇之道教科儀、遶境夜巡、施放水燈、施放天燈、賑濟大普等內容，其最主要的核心用意在於酬謝神恩。其次，人們透過此次建醮活動，資以建立人與神、神與鬼、人與鬼三界間之溝通橋樑，是故經由一系列的宗教儀式及科儀，將個人的心願、契求上達天聽，繼而賑濟孤幽、超拔孤幽，祈合境平安，並且達到三界和諧的願望。由此，我們仍然不難看出中國人「敬神畏鬼」的思維觀念與行為價值。

綜合上述，可見宗教信仰於社區群體閒具有相當程度的影響力及影響面向。另一方面，宗教信仰與社群的互動作用，可將其視為一種重要的樞紐關係，其彼此間存在著某種

密不可分的關聯性。雖然佛教源自印度，亦經近兩千年在中國的本土化，水陸法會也是中國佛教的產物，卻仍然無法和當地社群有更密切的結合。而道教乃中原本土宗教，亦經過一兩千年的傳播，其最大建醮活動仍停留在區域性的活動，至為可惜。若礁溪協天廟和佛光山能彼此互相交流、觀摩學習，礁溪協天廟學習佛光山的組織管理、人才培養，以跨出區域侷限；而佛光山水陸法會能借鏡礁溪協天廟圓醮盛典的在地化作法，深入社區，必能打破「近廟欺神」的迷思，發揮宗教更有意義的社會教化功能。

（本論文協天廟部分承教學助理羅永昌協助完成於2009年5月8-9日真理大學宗教文化與組織管理系主辦「2009兩岸宗教儀式與地方社會」學術研討會，頁233-268）

參考書目

一、書籍

李豐琳、謝聰輝合著，《臺灣齋醮》，臺北市：傳藝中心籌備處，2001。

佛光山宗委會，《佛光道場》，《佛光山開山四十週年紀念特刊8》，高雄縣：佛光山文教基金會，2007。

佛光山宗委會，《佛光山大事紀》，《佛光山開山四十週年紀念特刊9》，高雄縣：佛光山文教基金會，2007。

協天廟管理委員會，《勅建礁溪協天廟武聖關聖帝君》簡介，宜蘭
　　縣：勅建協天廟管理委員會印行，2008。

洪錦淳，《水陸法會儀軌》，中興大學中文系碩士論文，台北市：
　　文津出版社，2005。

張澤宏著，《道教神仙信仰與祭祀儀式》，台北市：文津出版社，
　　2003。

閔志亭著，《道教全真科儀》，台北市：文津出版社，1998。

游謙、施芳瓏作，《宜蘭縣民間信仰》，宜蘭市：宜蘭縣政府，
　　2004。

蔡相輝編撰，《勅建礁溪協天廟志》，礁溪協天廟管理委員會印
　　行，1997。

蕭登福著，《道教地獄教主─太乙救苦天尊》，臺北市：新文豐出
　　版股份有限公司，2006。

日・牧田諦亮撰，方廣錩譯，《佛教與歷史文化》，北京：宗教文
　　化出版社，2001。

二、論文

于光華，〈水陸法會懺法之研究〉，宜蘭縣：佛光大學宗教學所碩
　　士論文，2008。

心定，〈水陸法會的意義〉，《覺世》，1038期，75.12.11。

印順，〈經懺法事─水陸法會〉，《華雨集・第四冊》，台北市：
　　正聞出版社，1993。

呂宜珍，〈道教建醮文化在視覺藝術上之應用─以玄天工帝寺廟建醮活動為例〉，國立屏東教育大學碩士論文，2005。

依菴，〈靈山勝會水陸大意〉，《覺世》，1038期，75.12.11，頁5-6。

周叔迦，〈佛教的儀式─水陸法會〉，《法苑談叢》，台北市：文津出版社，1990。

張運華，〈水陸法會〉，《中國傳統佛教儀軌》，台北市：立緒文化事業有限公司，1998。

虛雲和尚述，李讚錚記，〈水陸道場之緣起〉，岑學呂主編《虛雲和尚法彙。虛雲和尚方便開示》，台北市：佛教出版社，1974。

聖凱，〈水陸法會─追薦亡靈、普渡眾生〉，《中國漢傳佛教禮儀》，北京：宗教文化出版社，2001。

蔡明偉，〈被顯赫的神威─宜蘭礁溪協天廟關帝信仰的宗教實踐與自我生產〉，國立東華大學族群關係與文化研究所碩士論文，2006。

賴永海主編，〈水陸法會〉，《中國佛教百科全書。儀軌卷》，江蘇：上海古籍出版社，2001。

三、報紙

張美紅，〈聯合報鄉情版〉，2000.1.3。

第三篇
佛光山佛事革新
與人間佛教的實踐

壹、緒論

　　印度佛教傳入中國，歷經漢魏六朝印度佛教東土化、隋唐時期漢傳佛教世俗化、和宋代以後漢傳佛教民間化的演變之後，佛教日趨衰微，從思想到形式上一味迎合世俗，因此隋唐鼎盛時期特有的菩薩救濟精神，漸被功利主義思想所取代，義理的探討被誦經、念佛、超度、化緣、求籤、占卦等神學或迷信活動替代，導致民間大眾對佛教肆意曲解，佛門僧尼為求生存亦推波助瀾，使得佛教逐漸脫離了它的正統形態而徹底的民間化。[1] 有謂這是佛教的墮落，其實佛教本身沒有墮落，而是人異化了佛事的處理。可見此種佛事在佛

---

[1] 參閱李林，《梵國俗世原一家》，北京：學苑出版社，2003，導言頁1-2。

教弘傳中的地位，然而此處的佛事指的是什麼？和佛教的興
亡又有何關係？迄今，雖有四十篇以上由寺院管理【2】、宗
教教育【3】、宗教美術【4】、宗教音樂【5】、文化事業【6】、慈
善賑濟【7】和皈依修持【8】等不同面向，探討佛光山人間佛教
的學術論文，比較代表性則為錢思度（Stuart Chandler）的
《建立人間淨土──佛光山的現代與全球觀》（*Establishing
a Pureland on Earth：The Foguang Buddhist Perspectives on
Modernization and Globalization,* 對佛光山人間佛教有多方面深

【2】如胡琬苹，〈從「信徒的社會階層」探討人間佛教道場的發展──以佛光山台北道場
　　為例〉，宜蘭縣：佛光大學未來學研究所94碩士論文。

【3】如黃素霞，〈當代台灣佛學院課程規劃之探討〉，嘉義縣：南華大學宗教學研究所
　　96碩士論文；林寶鑾，〈佛光山分別院辦理的都市佛學院學員學習成效評鑑指標
　　之研究〉，國立高雄師範大學成人教育研究所在職專班91碩士論文。

【4】如賴凱慧，〈大化無形的弘法媒介──佛光山「宗教美術」之理念與實踐〉，宜蘭
　　縣：佛光大學藝術學研究所90碩士論文。

【5】如林惠美，〈臺灣佛教水懺儀式音樂研究──以佛光山及萬佛寺道場為對象〉，台北
　　市：國立臺北教育大學音樂研究所94碩士論文；呂慧真，〈音樂、儀式、舞台──台
　　灣佛光山音樂會之研究〉，國立臺南藝術大學民族音樂研究所95碩士論文。

【6】如林純君，〈佛光山文化事業發展與能力建構之研究〉，嘉義縣：南華大學宗教學
　　研究所96碩士論文。

【7】如林美玲，〈佛光慈善事業之發展──佛光山慈悲基金會等個案研究〉，宜蘭縣：佛
　　光大學宗教學研究所92碩士論文。

【8】如陳麗娟，〈改宗與皈依歷程──以後解嚴佛教團體之信徒為例〉，宜蘭縣：佛光
　　大學宗教學研究所96碩士論文；楊莉那，〈天台小止觀與佛光山生活禪的比較研
　　究〉，台北縣：輔仁大學宗教學所95碩士論文。

入的探討【9】和盧月玲〈臺灣佛寺的現代功能——佛光山田
野研究。〉【10】等。卻未嘗有從佛光山的改革和創新佛事，
來談其人間佛教的實踐，故本論文將以質性研究的文獻觀察
為主要研究方法，就佛光山自開山四十多年來所做過的狹
義佛事，檢視其在人間佛教實踐上的功用。在進入主題探討
前，下面先探討佛事的起源和其發展，以利進一步瞭解佛光
山對佛事的革新。

貳、佛事的起源與發展

首先，有必要先釐清何謂「佛事」？

一、佛事的定義

佛事可分為廣義和狹義兩種定義，茲分述如下：

（一）廣義的佛事

指凡做信佛之事、求佛之事、成佛之事，都叫做佛事。

【9】錢思度（Stuart Chandler），*Establishing a Pureland on Earth*： *The Foguang Buddhist Perspectives on Modernization and Globalization*, published by University of Hawaii Press, 2004.

【10】盧月玲臺灣佛寺的現代功能——佛光山田野研究。臺北市：國立臺灣大學考古人類學研究所1981.06碩士論文，。

佛說人人都有成佛的可能，只要你能信仰佛所說的成佛方法，依法實行，必將可以成佛。所謂「佛法無邊」，就是廣義成佛的八萬四千法門，例如：拜佛、念佛、行善止惡，說佛所說的話，行佛所行的事。要做到「持一切淨戒，無一淨戒不持；修一切善法，無一善法不修；度一切眾生，無一眾生不度。」換句話說，就是「諸惡莫作，眾善奉行。」也就是積極地自度，尚要積極地度人。【11】

　　佛光山四大宗旨：以文化弘揚佛法；以教育培養人才；以慈善福利社會；以共修淨化人心。就包涵了所有廣義的佛事。如《佛光大辭典》所說：

　　　凡發揚佛德之事，稱為佛事。據《維摩經》卷下載，佛陀將一切事均視為佛事，以此表未佛之德性。【12】於禪宗，用以指舉揚佛法之行事，如開眼、安座（安置佛像於堂內）、拈香、上堂、入室、普說、垂示等，均為佛事。後世泛稱為佛前舉行之儀式為佛事，又稱法事、法會，或指超度亡靈之誦經。【13】

　　法事就是一般俗稱的法會。《佛光大辭典》說，

　　　法會為佛教儀式之一。乃為講說佛法及供佛施僧等所舉行之集會。即聚集淨食，莊嚴法物，供養諸佛菩

【11】聖嚴，《為什麼要做佛事》，台北：法鼓山農禪寺，1967年，頁1。

【12】姚秦・鳩摩羅什譯，《維摩詰所說經》，《大正藏》冊14，no.475，頁552中。

【13】星雲，《佛光大辭典》，高雄：佛光出版社，1988年，頁2630-2631。

薩，或設齋、施食、說法、讚歎佛德。【14】

（二）狹義的佛事

包括朝暮課誦、祝聖佛事、普濟佛事，與佛光山四大宗旨的最後一條以共修淨化人心相呼應，為本論文主要研究對象，亦分述如下：

1.朝暮課誦：

早晚課誦是中國佛教祖師百丈跟馬祖正式提出的，不是世尊訂的，世尊的時代，四眾弟子都知道用功，而且功夫都不間斷，起心動念念念相應。哪裡還要早晚功課？到後來眾生的根性愈來愈差，煩惱習氣愈來愈嚴重，懶惰、懈怠、散慢等，是用功很大的障礙，所以祖師們才提倡共修。共修的意義是依眾靠眾，彼此互相警策、互相勉勵。【15】

其實朝暮課誦是令誦者溫故知新，使誦者經由聞思修而趣向解脫趣向涅槃，是故說，其功德無量無邊不可算數，並非誦經的行為本身有何功德，光只是誦經偈而不去聞思修，不會滅罪，也不得任何功德，更不會令亡者超度。【16】到了近代中國佛教的早晚課誦就偏重談朝暮課誦的功德，在出家眾來說，是為報眾生恩和施主恩。對在家人而言，誦經念佛的目的有二，一是消除自己以往無量劫來的宿業和冤債障

【14】星雲，《佛光大辭典》，高雄：佛光出版社，1988年，頁3411。

【15】參閱淨空，〈實踐早晚二課〉，九八年新加坡淨宗學會早餐開示—1998/5/20。

【16】釋從信，〈咒語非佛說〉摘自《我從迷信出走》www.charity.idv.tw/i/i11.htm

類，二是為自己或眾人親友修福，並儲備往生的資糧。

　　朝暮課誦已成為中國叢林每天固定的作息，也叫二時功課，是出家人基本的五堂功課中的兩堂。早課醒覺晚課省察，早晚課除了是行者各人專注用功、抒發宗教情操的時機，且能對治懈怠、銷溶自我，大眾音聲和諧、威儀齊整，也是團體道風的呈顯，同時更是對眾生、社會的關懷與祝福。【17】

　　朝暮課誦每天早、晚兩次，其形式與程式基本相同，內容各異。早課的內容與程式為：誦《楞嚴咒》《大悲咒》《十小咒》《心經》（每月初一、十五之前加唱《寶鼎贊》）、唱《回向贊》《贊佛偈》、繞念佛號、唱《發願偈》、三皈依、誦《大吉祥天女咒》、唱《韋馱贊》。晚課的內容和程式為：誦《阿彌陀經》（或《大懺海文》）、蒙山施食、唱《回向偈》、《贊佛偈》、繞念佛號、唱《發願偈》、三皈依、唱《伽藍贊》。

　　2. 祝聖佛事：

　　這類佛事主要是佛菩薩聖誕的慶祝活動，包括佛的誕生日、出家日、成道日、涅槃日，菩薩的誕生日、出家日、成道日，及祖師圓寂紀念日等。如每年夏曆四月初八日為「浴佛節」，即為紀念本師釋迦牟尼佛的誕生。據佛經記載，此日佛陀「生時龍噴香雨浴佛身」，因此後來佛教四眾弟子在紀念佛陀誕辰時亦以各種香水灌洗佛像。浴佛儀式的程式分

【17】參閱編輯組，〈金鐘木板扣晨昏〉，香光莊嚴四十期，83年12月20日。

為八項：

（1）集合僧眾；（2）迎請佛像；（以上兩項沒有唱念，只有禮拜。）（3）將佛像請回，唱《稽首皈依大覺尊》；（4）將佛像安置於佛座，然後以香水灌沐，唱《沐浴真言》、《釋迦大贊》；（5）主法者敬致誦詞；（6）祝聖繞佛，唱《佛寶贊》、《贊佛偈》；（7）回向皈依，唱《回向偈》、三皈依；（8）圓滿禮佛，唱《浴佛功德殊勝行》。

佛菩薩聖誕祝儀的格式、程式基本相同，只是所用「贊」有「六句贊」和「八句贊」的區別，而曲調則完全相同。以釋迦牟尼聖誕祝儀為例：

（1）唱「香贊」，即《戒定真香》；（2）念誦，包括「南無楞嚴會上佛菩薩」（三遍）、《楞嚴咒》、《心經》，唱「摩訶般若波羅密多」（三遍）；（3）唱贊偈，有《佛寶贊》、《贊佛偈》；（4）繞念佛號；（5）拜願；（6）三皈依。

3. 普濟佛事：

做佛事是為了學習佛陀，開發人人本具的佛性，達到解脫生死苦惱的目的。要去除煩惱貴在實踐，而看經、誦經、聽經，便是看的、誦的、聽的解脫生死乃至成佛的方法。所以，真正的佛事，是要大家自己來做。【18】

但是，對於不懂佛法、不會修行的人們，遇到他的父

【18】同註2。

母親友死亡時，在沒有辦法之中，只有請出家人代做佛事，因此在中國一般的民間生活中，並沒有做佛事的觀念。通常只是在親友或眷屬亡故之後，才想要為他們做一點補償、救濟性的佛事，稱為超度、薦亡。做佛事的時候，亡者的家屬大都是站在僱主的立場，並不直接參與，共同禮誦；甚至誦經禮懺的壇場在做佛事，他們通常也只在一旁交際應酬、談話，乃至打麻將，而把佛事當成表示哀榮的點綴。這種情況，既對佛法不敬，也對亡者無禮，只可說是一種習俗的活動，不能稱為佛事。

佛事不是儀式，不可把佛事做為葬儀的一個節目來看。做佛事必須具備虔誠、恭敬、肅穆、莊嚴的條件，最好是亡者的家屬、親友親自持誦、禮拜佛經、懺儀、聖號。必要時，禮請僧眾做為導師，指導、帶領佛事；壇場則不可吵雜、零亂、喧嘩。

普濟佛事是為佛門超薦佛事，種類很多，諸如：

梁皇寶懺、水懺、大悲懺、藥師懺、淨土懺、地藏懺、金剛懺、八十八佛洪名寶懺、三時繫念、水陸法會、蒙山施食、放生會等。為現前之人懺悔業障、植福延齡，或為超薦先亡、救拔惡道眾生而舉行的。

主要有：（1）隨課普佛：隨早晚課誦加入贊偈、拜願、宣疏文等，分延生普佛和往生普佛兩種，此略。

（2）懺法：懺法有多種，如「淨土懺」、「梁皇懺」、「千佛懺」等，此略。

（3）瑜伽焰口：簡稱「焰口」。通常用於超度亡靈，

歷時約四至六小時。程式為招請、結界、施食、施水、超
度等項。以口中誦贊、偈、經文及密咒，心存觀想並輔以手
印，身口意三業加持。

（4）水陸法會：全稱「法界聖凡水陸普度大齋盛
會」，簡稱「水陸」。是為超度普濟水中、陸上一切鬼魂的
大型法會，是各種佛事中規模最大歷時最長的佛事，少則七
天，多則四十九天，參加人數少則幾十人，多則百人、千人
以上。設有內、外各種壇場，主要有誦經、禮懺、施食施水
追薦亡靈等。

二、佛事的起源

印度古來即盛行講說佛法及供佛施僧等集會，其種類名
目甚多。傳到中國後項目逐漸增加、偏重略有不同，敘說如
下：

（一）印度佛教佛事的起源

印度在釋尊五歲時就有剪頂髻之般闍婆瑟會、五年舉行
一次之無遮大會、六歲會、佛陀誕生、成道、初轉法輪等法
會，及供養佛陀弟子。因布施乃祈福之要道，故帝王、富豪
長者，每向廣大群眾行施捨大會。如《佛光大辭典》所載，

> 《十誦律》卷五載有紀念佛陀五歲時剪頂髻之般闍
> 婆瑟會（梵panca-varsikamaha）。《玄應音義》卷
> 十譯之為般遮于瑟會、五年一大會，意即五年舉行

一次之無遮大會。不分聖賢、道俗、貴賤、上下，無遮平等行財法二施之法會。【19】娑婆瑟會（梵sad-varsikamaha）則為紀念佛陀六歲時頂髻再立之集會，每六年一會，又稱六歲會。此外，尚有慶祝一般人民剪頂髻之二月會。《摩訶僧祇律》卷三十三則舉有佛陀誕生、成道、初轉法輪等法會。【20】另有供養佛陀弟子羅睺羅、阿難等之羅睺羅大會、阿難大會。【21】因布施乃祈福之要道，故帝王、富豪長者，每向廣大群眾行施捨大會。【22】

（二）中國佛教法會的起源

中國佛教法會的起源早在後漢靈帝光和三年（180年）就有行齋會之事。【23】其他陸續出現的法會有佛法討論會、講經、齋僧大會、無遮大會、水陸法會、放生會、華嚴會、

【19】唐・玄奘奉詔譯，辯機撰，《大唐西域記》卷五，《大正藏》冊51，no.2087，894頁下。羯若鞠闍國條即記載該國五年一度舉行無遮大會。

【20】東晉・佛陀跋陀羅共法顯譯，《摩訶僧祇律》，《大正藏》冊22，no.1425，頁498下。

【21】東晉・法顯，《高僧法顯傳》卷1，《大正藏》冊51，no.2085，859頁上。摩頭羅國條載，在印度，從羅睺羅、阿難、文殊、觀音，乃至經、律、論三藏及般若波羅蜜等，均設有諸種供養法會。

【22】參閱星雲，《佛光大辭典》，高雄：佛光出版社，1988年，頁3412。

【23】隋・費長房撰，《歷代三寶紀》卷4，光和三年（180），後漢靈帝於洛陽佛塔寺飯諸沙門，懸繒燒　香，散花燃燈。《大正藏》冊49，no.2034，頁49中。

盂蘭盆會、獅子會、和龍華會等。如《佛光大辭典》：

> 後漢就有行齋會之事或設會討論佛義、講經等，以達
> 祈福增慧之目的。齋請僧侶之法會稱為千僧會、萬聖
> 僧會。南朝梁武帝中大通元年（529），於同泰寺設
> 救苦齋；中大通五年，又於同泰寺設無遮大會，帝親
> 自講金字般若經。此外，行於我國之法會尚有水陸
> 會，即設齋食供養水陸有情之法會；梁武帝時，始行
> 於金山寺。放生會，乃由他處買進受捕之魚鳥牲畜，
> 於三寶前為其說法，授三皈五戒，會再放之於山野沼
> 澤、泉池河水，此即放生會。華嚴會，乃講讚華嚴
> 經之法會。盂蘭盆會，即於每年七月十五日，以百種
> 物供養佛法僧三寶，以報父母長養慈愛之恩。獅子
> 會，九月重陽，諸僧皆坐獅子座，作法事講說。此
> 外，據《荊楚歲時記》龍華會條載，四月八日諸寺各
> 設齋，以五香水浴佛，以為彌勒下生之徵，稱為龍華
> 會。【24】

佛教在印度所行佛事主要講說佛法及供佛施僧等所舉行
之集會、無遮大會等，到了中國擴大到設齋食供養水陸有情
和魚鳥牲畜的放生會。稍後禪宗在唐朝成立之後，增加帝王
忌日所修之國忌會，祈求晴雨之祈禱會，祈安居如意之楞嚴
會，祈禾苗生長之青苗會。其他尚有觀音菩薩聖誕會、達摩

【24】　參閱星雲，《佛光大辭典》，高雄：佛光出版社，1988年，頁3412。

忌會、百丈忌會、開山歷代祖忌會等。【25】就愈行社會化、民間化，兼及祖師的忌會，也種下了明清中國佛教趨經懺的因。

目前一般較常舉行之法會為光明燈會、報恩會、金剛禪坐會、婦女法座會、念佛會、消災會、福壽會等。此類法會大多於農曆初一、十五舉行；其進行程序，先由僧眾諷誦經典，信徒隨眾禮拜，再由有德師僧開示佛去，其後並於寺院中用齋。又有傳授三壇大戒之法會，每年由各寺院輪流承辦。此法會之目的在使有志於深入經藏，或從事弘法利生之佛子，經三師七證為授沙彌戒、比丘戒、菩薩戒等 三大戒，俾使成為正式之出家人。戒期由一個月至五十天。另有祈求國泰民安之仁王護國法會（由中國佛教會舉辦）、紀念先總統 蔣公逝世紀念法會。【26】

從農曆元月至十二月，正式之佛教法會如下：

元月一日彌勒佛聖誕法會、元月九日供佛齋天法會、二月十九日觀音菩薩聖誕法會、四月八日佛陀聖誕法會、六月十九日觀音菩薩成道紀念法會、七月五日盂蘭盆會、供僧會、七月二十九日地藏菩薩聖誕法會、九月十九日藥師佛聖誕法會、十一月十七日阿彌陀佛聖誕法會（舉辦彌陀佛

【25】同上註。參閱元‧德輝重編《敕修百丈清規》尊祖章第四，《大正藏》冊48，no.2025，頁1117 下-1119上。

【26】同註15，頁3412-3413。

七）、十二月八日佛陀成道紀念法會。【27】

參、佛光山佛事懺儀的改革創新

　　佛光山四大宗旨：以文化弘揚佛法；以教育培養人才；以慈善福利社會；以共修淨化人心。其中最後一項宗旨以共修淨化人心，就包含了狹義的佛事。星雲大師為落實佛法在信眾繁忙的日常生活中，不但創新許多佛事，還改革舊有佛事，分述如下：

一、創新佛事

　　依出現年代先後，依序摘錄如下，

　　1969年7月——第一期大專佛學夏令營，計有臺灣大學等二十六所大專院校百余位青年參加，為佛教史上一項創舉。

　　1979年1月——佛教梵唄音樂會首次在臺北國父紀念館舉行，是佛教音樂進入國家殿堂演出的開始。

　　8月——首創佛教兒童夏令營，三千人參加。其後每年創辦青少年冬令營、媽媽夏令營、教師夏令營等。中華電視公司開播甘露節目，首開佛教電視弘法先例，教育部與新聞局頒贈「社會教育建設金鐘獎」。

【27】同上註，頁3413。

1980年4月——星雲撰寫三寶頌、佛光山之歌，由吳居徹教授作曲。

　　1988年8月——首次舉辦短期出家修道會，八千人報名，錄取千餘名，分三梯次舉行，是中國佛教史上之創舉。

　　1988年11月——世界佛教徒友誼會第十六屆大會由美國西來寺主辦，是中國佛教史上第一次在西半球召開的會議，並為海峽兩岸佛教首開平等交流之創舉。

　　美國別院西來寺於十一月二十六日落成，被譽為北美洲第一大佛寺，慈莊法師出任首任住持。並傳授萬佛三壇大戒，計有來自十六國的三百位僧眾，求受大戒。

　　1989年1月——星雲應邀至美國加州州議會，主持開議灑淨儀式，為佛教儀式首度登上美國議會殿堂。後有紐約、聖地牙哥等市議會，年年邀請本山法師以佛教儀式主持開議典禮。

　　1991年2月——國際佛光會中華總會於二月三日，假臺北國父紀念館舉行成立大會。星雲被推舉為會長，慈容法師擔任秘書長。國際佛光會中華總會舉辦「佛力平正二二八死難同胞慰靈法會」。

　　1993年2月——為徒眾首度舉辦「佛光親屬會」，邀請僧眾弟子俗親來山相聚。

　　10月——為促進國際佛教團體間的交流與合作，國際佛光會在本山舉行第一屆「國際佛教僧伽研習會」，有五大洲十六個國家之比丘和信眾參加。第二屆、第三屆研習會分別在加拿大溫哥華、澳洲雪梨舉行，各有美、英、澳等二十個

國家、六十余位代表參加。

　　──星雲發起「淨化人心新生活運動」，推行“七誡”──誡煙毒、誡暴力、誡貪污、誡酗酒、誡色情、誡賭博、誡惡口之系列活動。

　　1994年10月──非洲原住民郭拉、福度、畢甘度等十人在南華寺剃度，為非洲有史以來第一批黑人出家，為佛教登陸非洲展開了新頁。

　　1997年2月──星雲前往義大利和天主教教宗若望保祿二世進行對話，促進宗教交流，並共同祈求世界和平。

　　3月──達賴喇嘛來山訪問，心定和尚與達賴喇嘛在大雄寶殿內共同帶領全山僧俗大眾五千人誦經，為眾生祈福。

　　──以「心靈淨化、道德重整、找回良知、安定社會」為宗旨的「慈悲愛心列車」活動，分南、北二路啟程。並在臺北有八萬慈悲愛心人共同參與。

　　1998年1月──為促進臺灣佛教各寺院道場交流，舉辦「第一屆臺灣佛教寺院行政管理講習會」，其後繼續於一九九八年四月、十二月及一九九九年四月舉辦「第二屆」、「第三屆」及「第四屆」的講習會。

　　2月──為恢復南傳比丘尼教團，假印度菩提伽耶傳授「國際三壇大戒」戒會。計有二十余國，一百五十多位戒子參加，乃中國首次於印度傳戒，也是佛教界首次跨越種族、區域、法脈傳承的戒會。

　　3月──佛光山封山後，應信徒回山之要求，每週開辦佛光山假日修道會。

4月——由西藏貢噶多傑仁波切及十二位德行兼備的仁波切聯名贈予的佛牙舍利，在泰國上座部副僧王頌德帕菩陀詹長老證明交接下，經西藏、尼泊爾、泰國，迎請至臺灣供奉。同時應行政院蕭萬長院長邀請，遵循香花鋪地及布發接足等古禮，於臺北中正紀念堂舉行「恭迎佛牙顯密護國祈安法會」。同年十二月，由專屬火車送回高雄佛光山，等待佛牙紀念館籌建圓滿。

　　9月——佛光山梵唄讚誦團赴東京、大阪。

　　10月——世界佛教徒友誼會第二十屆假佛光山澳洲南天寺舉行，來自世界各地八十余國團體代表參加。【28】

　　1999年9月——台灣921大地震，傷亡慘重，領眾誦經薦亡，成立世界性「援助震災中心」服務災區。

　　2000年——出版《佛光祈願文》作為信眾早晚課誦範本，創佛教修行文學新體裁。

　　3月24日——由佛光山梵唄讚頌團演唱、台北市立國樂團演奏、佛光文化公司出版發行的「誰念南無‧佛教梵唄之美」音樂CD，榮獲金曲獎最佳宗教音樂專輯獎項入圍。

　　9月——至紐約「911事件」災難現場祈福灑淨，及至紐約林肯中心，為罹難者祈福祝禱。

　　2001年12月30日——馬來西亞佛光協會在吉隆坡舉辦「菩提眷屬祝福禮」星雲大師為36對菩提眷屬福證，列入馬

【28】摘錄自星雲，《佛光學》，《佛光教科書》第十一冊，高市：佛光出版社，1998年，頁256-280。

來西亞記錄大全。

2002年——中國政府以「星雲簽頭，聯合迎請，共同供奉，絕對安全」十六字授權，聯合台灣佛教界共同達成恭請西安法門寺佛指真身舍利來台供奉協議，為海峽兩岸交流跨出新頁。

3月4日——首次在斯里蘭卡可崙坡舉辦比丘尼戒會，禮請佛光山依航、滿光法師代表擔任尊証比丘尼。

3月28日——佛光山首次辦「兒童成長禮」星雲大師主持，18所國小、幼稚園3000名小朋友參加。

3月30日——美東首次在維吉尼亞大學學術殿堂舉行「瑜伽燄口法會」。

9月1日——發起「媒體環保日，身心靈零污染」活動，呼籲媒體奉行「做好事、說好話、存好心」三好運動及「不色情、不暴力、不扭曲」三不運動，喚起媒體自律，還給閱讀人一個乾淨的社會。【29】

2003年4月6日——「2003跨宗教跨國籍全國工殤春祭」活動在佛光山南北道場舉行。

5月1-4——日普門寺佛祖花車在台北花苑啟程繞境播放《藥師經》和藥師咒，為全國民眾消災祈福，為台北市民注入抗SARS暖流。

2004年7月4日——人間衛視與香港國際經典文化協

【29】佛光山宗務委員會，《雲水三千—星雲大師弘法50年紀念影像專輯》，高縣：佛光山文教基金會，2003，頁630-631。

會、湖南中華文化學院、馬來西亞馬六甲文教基金會舉辦
「全球中華文化經典誦讀大賽」四十多隊，1700多人參加。

　　11月6日——佛教史上首次於南半球南天寺舉辦18天
「國際三壇羅漢戒會」，16國205位戒子，中英文同步授
課。

　　2005年1月29日——中華總會在佛光大學舉辦「全國校
長禪修營」。

　　5月21日——中華總會在高市中正文化中心廣場舉辦
「築夢踏實—為考生點燈祈福晚會」，由星雲大師帶領考生
點燈祈福。

　　2006年3月28日——慈悲社會福利基金會至全國監獄為
受刑人舉行首場「甘露灌頂皈依三寶典禮」由定法師主持，
全年26場次，共2800受刑人皈依。

　　7月23日——馬來西亞佛光青年發起抄經祝禱活動，以9
個月手抄8萬部心經，1000多信眾參加。

　　星雲大師創新的狹義佛事項目多元化，包括各年齡層
和僧俗兩性、不分種族宗教尊卑貧富、由國內跨越全球五大
洲。

二、改革佛事

　　星雲大師為強調人間佛教度生重於薦往、並能將它落實
在現代競爭忙碌的生活中，以質重於量的原則，做人性化的
改進佛事的內容、簡化佛事的程序、縮短佛事的時間，茲條

例略述如下：

1.將傳統冗長早課楞嚴咒諷誦改為心經或普門品。

2.將初一、十五早課唱誦的寶鼎贊 容「端為民國祈和平」改為「端為世界祈和平」。藉著唱誦此句贊文，可以提昇唱誦者的心量、和擴大對全球的關懷。

3.將傳統清晨三、四點的早課時間延後至五、六點間。

4.譜佛光四句偈「慈悲喜捨遍法界，惜福結緣利人天，禪淨戒行平等忍，慚愧感恩大願心。」此四句偈含攝了菩薩道的四無量心、四弘誓願和人間佛教的主要修行德目。取代傳統課誦圓滿前唱誦的迴向偈「願消三障諸煩惱，願得智慧真明了，普願罪障悉消除，世世常行菩薩道。」，也善巧方便配合三餐時觀想的食存五觀：

「（1）計功多少，量彼來處。（2）忖己德行，全缺應供。（3）防心離過，貪等為宗。（4）正事良藥，為療形枯。（5）為成道業，應受此食。」

5.倡導佛光三昧修持法做為佛光會員的修行日課，上與佛法僧三寶接心，下與法界眾生融合，以聞、思、修三慧來改進身、口、意三業，務期心境一如，確實實踐發願、淨行、懺悔、迴向。如能依此實修，內能圓滿六度萬行，外則能建設佛國淨土。此修持法包括拜願法、念誦法、禪觀法、和實踐法等四類。【30】

【30】參閱星雲，《佛光學》，《佛光教科書》第十一冊，高市：佛光出版社，1998年，頁71-79。

6.將一日夜的「八關齋戒」戒會改為早上進堂、當晚出堂，回家後繼續持守八戒，以方便有家室的在家信眾，也可藉機學習如何自我觀照、如何保任功夫。

　　7.將傳統的法會送聖視如辦喜事，信眾妝扮喜氣洋洋的世界各國服飾，使佛教充滿生氣。

　　8.小齋天的提倡。農曆正月初九「供佛齋天」請二十四天吃飯，如果一席席請，常由晚上拖延到清晨兩、三點，小齋天則二十四天一齊請，經濟省時。

　　9.每年的1、2月，舉辦一次為期七天的萬緣水陸法會。大大改良原本耗時一個月分內壇、外壇等七個壇口的水陸法會，外壇共分大壇、諸經壇、法華壇、淨土壇、楞嚴壇、華嚴壇。總計一次水陸法會約需百位以上法師，動員人力、物力頗鉅。分台灣為北、南二區，動員該區所有的道場做壇口、法師來執行。尤其打破過去大齋主才能進入內壇的舊習，將內壇普門大開，普度眾生。並將七天的萬緣水陸法會傳到歐美非等全球五大洲。而原來每五年舉行一次的水陸法會，應參與信眾在法會期間親見佛光山大佛城的大佛轉身，故請求每年舉辦水陸法會。

　　10.提倡往生佛事利用每週共修法會做隨堂超薦，取代過去單獨設立超薦佛事，既可藉助參與共修大眾念佛的功德迴向亡者，又省時省事省錢，一舉數得。

　　11.在佛光山萬壽園設立臨終關懷設備，讓家屬得以陪伴亡者平靜安然地走完人生最後一程。

　　12.提倡護生取代放生，以改革過去放生會反而促使生

意人活捉鳥獸蟲魚的漏習。

　　13.在佛光山大佛城提供大佛法語供信眾去疑解惑、開解智慧用，是另類的現代佛事。

　　14.2001年5月18日——佛光山梵唄贊誦團假台北市立社教館演出「佛教梵唄—晨鐘暮鼓」，結合現代尖端科技VCR之手法增加視聽效果，為佛教梵音弘法創舉。

　　15.2003年11月7日和 12月12日——「星雲大師禪淨密唱誦講座」分別在台北國父紀念館和香港紅勘體育館舉行，打破傳統單純演說的型式，改以講演與偈語唱頌互相穿插進行。

　　16.2006年3月4日——星雲大師在美國西來寺主持甘露灌頂皈依三寶典禮，首創透過視訊設備與溫哥華、巴西、紐約、波士頓、休士頓和舊金山佛立門等地連線，同步舉行皈依。

肆、佛光山改革佛事與人間佛教的相涉

　　星雲大師藉著四大宗旨——以文化弘揚佛法；以教育培養人才；以慈善福利社會；以共修淨化人心，為推動人間佛教的指標。並以佛光山四大工作信條，給人信心；給人歡喜；給人希望；給人方便來實踐人間佛教。此四大宗旨含蓋佛教廣義佛事的範疇。上述星雲大師對狹義佛事所做的創新

和改革，也只是為了落實第四大宗旨「以共修淨化人心」部分課題所做的努力。如下第四大宗旨「以共修淨化人心」的弘法方法的介紹中可窺知：

一、以共修淨化人心

佛光山以「文教為主、慈善為輔」，其弘化更以「共修活動」為方便，將其弘法方法綜合如下：

1.**活動**：各種佛學夏令營（大專、教師、老人、兒童、媽媽）、大專佛學社團、青年會、兒童班、佛光文學攝影獎、水晶蓮花佛光文學獎、佛光哲學獎、家庭普照、佛光青年成年禮、親子運動大會、人間音緣、老歌義唱、書畫義賣、籃球比賽等。

2.**慧解**：佛學講座、世界佛學會考、座談會、讀書會、經典研究班、都市佛學院、信徒講習會、青少年佛學班、兒童佛學班、讀經班、松鶴學苑等。

3.**修持**：短期出家修道會、假日修道會、行腳托缽法會、禪淨密三修法會、精進禪七、精進佛七、八關齋戒、在家五戒菩薩戒會、水陸法會、三時繫念、抄經、禮懺、朝山等。

4.**會議**：國際佛教學術會議、青年學術會議、國際禪學會議、國際佛教僧伽研習會、國際傑出婦女會議、國際金剛會議、國際佛教青年會議、國際佛光會世界會員大會、信徒大會、寺院行政講習會等。

5.**語文：**中文班、日文班、英文班、台語班、粵語班、西班牙語班、台灣外籍新娘語言學習班等。

　　6.**技藝：**插花班、烹飪班、書法班、結藝班、民俗藝術班（如扯鈴）、繪畫班、梵唄班、合唱團、樂器團等。

　　7.**社服：**愛心媽媽、友愛服務、考生服務、交通服務、醫院服務、殘障服務、新移民留學生服務、語言服務、急難救助、掃街、資源回收、植樹救水源等。

　　從上述七項弘法方式中，本論文探討的狹義佛事對象只占其中第三項，然而在傳統中國佛教中，狹義佛事幾乎是佛寺的主軸活動。可見佛光山人間佛教的各種佛事是如何多元善巧的深入廣被信徒的日常生活。

二、人間佛教六個特點和佛光山現行改革　佛事的關係

　　然而星雲大師對前列狹義佛事的創新與改革，與人間佛教又有何交涉和呼應？下面將以人間佛教的六大特色來檢視之。

（一）人間佛教六個特點

　　1.**人間性：**釋迦牟尼佛的一生幾乎都在人間度過，他是一個真實存在過的人物，而非一個虛擬的神靈。所以佛教應該要更貼近人的需求。

　　2.**生活性：**釋迦牟尼佛所說的法是離不開日常生活的。

他在經典中明白的告訴人們應該以怎樣的心態做人處事，佛法不只是出世間法，尤其大乘佛教更是注重自利利他，幫助他人的佛教。

3.利他性：佛教強調四慈、悲、喜、捨無量心，講求救度眾生，所以不僅要自利，更要利他。所以佛教徒也常常行慈善事業，就是一種「利他」思想的表現。

4.喜樂性：在佛教的思想中，釋迦牟尼佛長久以來即發願要使一切眾生離苦得樂。希望所有的眾生都能得到永久的快樂。所以佛教當然也要讓所有的人們得到快樂，遠離痛苦。

5.時代性：釋迦牟尼佛出生於二千六百年前，但是到現在他所說過的教法仍然存在這個世界上，並且仍然正確而清楚的指引著人們。所以佛法是可以隨著時間的改變，而以不同的方式契合人們，與人們相對應。

6.普濟性：佛陀一生都希望能救度一切的眾生，不論是人類還是非人類，佛教徒或是非佛教徒，他是沒有例外而普及的對待一切眾生。

下面將就前述佛光山創新的狹義佛事和改革的狹義佛事分別列表來進行其與人間佛教六個特點的關係比較。

（二）狹義佛事與人間佛教六個特點的比較

1.創新狹義佛事與人間佛教六個特點的比較

由一九六九年迄二〇〇六年計有40項創新狹義佛事，符合人間佛教人間性特點的有35項；符合生活性特點的有29

項；符合利他性特點的有30項；符合喜樂性特點的有31項；符合時代性特點的有40項；符合普濟性特點的有37項。以時代性的比例最高，也是40項創新狹義佛事都具足的唯一特點，普濟性其次，利他性特點最少。

　　再者，在這37年期間，早期創新的狹義佛事以在寺廟舉行的夏令營居多，故與人間佛教六個特點符合性較少。之後逐年開創的狹義佛事，就漸次具足較多人間佛教的六個特點，尤其在一九九三年之後出現的佛事，幾乎都與人間佛教的六個特點相呼應。其屬性也轉向各階層的社會人士，佛事地點轉跨出寺院進入國際社會大眾。整體來說創新的狹義佛事與人間佛教六個特點有84%的相應符合度。　（如表1所示）

表1　佛光山創新狹義佛事與人間佛教六大特點比較表

No	時間	創新狹義佛事名稱	
1	1969/7	首辦大專佛學夏令營。	
2	1979/1	佛教梵唄音樂會首次在臺北國父紀念館舉行。	
3	1979/8	佛教兒童夏令營/青少年冬令營/媽媽夏令營/教師夏令營。	
4	1980/4	星雲撰寫三寶頌、佛光山之歌,由吳居徹教授作曲。	
5	1988/11	首次舉辦短期出家修道會。	
6	1988/11	世界佛教徒友誼會第十六屆大會由美國西來寺主辦,是中國佛教史上第一次在西半球召開的會議。	
7	1988/11	美國西來寺傳授萬佛三壇大戒,來自十六國的三百位僧眾受戒。	
8	1989/1	星雲應邀至美國加州議會,主持開議灑淨儀式,為佛教儀式首度登上美國議會殿堂。	
9	1991/2	國際佛光會中華總會成立舉辦「佛力平正二二八死難同胞慰靈法會」。	
10	1993/2	為徒眾首度舉辦「佛光親屬會」,邀請僧眾弟子俗親來山相聚。	
11	1993/10	國際佛光會在本山舉行第一屆「國際佛教僧伽研習會」,有五大洲十六個國家之比丘和信眾參加。	
12	1993/10	星雲發起「淨化人心新生活運動」推行「七誡」—誡煙毒、誡暴力、誡貪污誡酗酒、誡色情、誡賭博誡惡口之系活動。	
13	1994/10	非洲原住民郭拉等十人在南華寺剃度,為非洲有史以來第一批黑人出家。	
14	1997/2	星雲在義大利和天主教教宗若望保祿二世進行對話,促進宗教交流,並共同祈求世界和平。	
15	1997/3	達賴喇嘛來山訪問,心定和尚與其在大雄寶殿內共同帶領全山僧俗大眾五千人誦經,為眾生祈福。	

	人間佛教六大特點						
	人間性	生活性	利他性	喜樂性	時代性	普濟性	小計
	v				v	v	3
	v		v		v	v	4
	v				v	v	3
	v	v		v	v	v	5
	v				v	v	3
					v	v	2
	v		v		v	v	4
	v			v	v	v	4
	v	v	v	v	v	v	6
	v			v	v	v	4
	v	v	v	v	v	v	6
	v	v	v	v	v	v	6
	v	v	v	v	v	v	6
	v	v	v		v	v	5
		v	v		v	v	5

（續）　表1　佛光山創新狹義佛事與人間佛教六大特點比較表

No	時間	創新狹義佛事名稱	
16	1997/3	以「心靈淨化、道德重整找回良知、安定社會」為宗旨的「慈悲愛心列車」活動，分南、北二路啟程。	
17	1998/1	為促進臺灣佛教各寺院道場交流，舉辦第一屆臺灣佛教寺院行政管理講習會。	
18	1998/2	為恢復南傳比丘尼教團，假印度菩提伽耶傳授「國際三壇大戒」戒會。有20餘國，150多位戒子參加乃中國首次於印度傳戒，也是佛教界首次跨越種族區域、法脈傳承的戒會。	
19	1998/3	每週辦佛光山假日修道會。	
20	1998/4	於臺北中正紀念堂舉行「恭迎佛牙顯密護國祈安法會」。	
21	1998/9	佛光山梵唄讚誦團赴東京。	
22	1998/10	世界佛教徒友誼會第二十屆假佛光山澳洲南天寺舉行，來自世界各地八十餘國團體代表參加。	
23	1999/9	台灣921大地震，領眾誦經薦亡，成立世界性「援助震災中心」服務災區。	
24	2000	出版《佛光祈願文》作為信眾早晚課誦範本，創佛教修行文學新體裁。	
25	2000/3	佛教梵唄之美」音樂CD，榮獲金曲獎最佳宗教音樂專輯獎項入圍。	
26	2000/9	至紐約「911事件」災難現場祈福灑淨及紐約林肯中心，為罹難者祈福祝禱。	
27	2001/12	馬來西亞佛光協會在吉隆坡舉辦「菩提眷屬祝福禮」。	
28	2002	聯合台灣佛教界共同達成恭請西安法門寺佛指真身舍利來台供奉協議，為海峽兩岸交流跨出新頁。	
29	2002/3	首次在斯里蘭卡可崙坡舉辦比丘尼戒會，請佛光山比丘尼擔任尊證比丘尼。	

人 間 佛 教 六 大 特 點						
人間性	生活性	利他性	喜樂性	時代性	普濟性	小計
v	v	v	v	v	v	6
	v	v	v	v		4
	v		v	v	v	5
v	v	v	v	v	v	6
v	v	v	v	v	v	6
v	v			v	v	4
			v	v	v	3
v	v	v	v	v	v	6
v	v	v	v	v	v	6
v	v	v	v		v	6
v	v	v	v	v	v	6
v	v	v	v	v	v	6
v	v	v		v		4
v		v	v	v	v	5

（續）　表1　佛光山創新狹義佛事與人間佛教六大特點比較表

No	時間	創新狹義佛事名稱	
30	2002/3	「兒童成長禮」星雲大師主持，18所國小、幼稚園3000名小朋友參加。	
31	2002/3	美東首次在維吉尼亞大學學術殿堂舉行「瑜伽燄口法會」。	
32	2002/4	「2003跨宗教跨國籍全國工殤春祭」活動在佛光山南北道場舉行。	
33	2002	發起「媒體環保日，身心靈零污染」活動，呼籲媒體奉行「做好事、說好話存好心」三好運動及「不色情、不暴力、不扭曲」三不運動，喚起媒體自律還給閱讀人乾淨的社會。	
34	2003/5	普門寺佛祖花車在台北花苑啟程繞境播放《藥師經》和藥師咒，為全國民眾消災祈福，為台北市民注入抗SARS暖流。	
35	2004/7	人間衛視與香港國際經典文化協會、湖南中華文化學院、馬來西亞馬六甲文教基金會舉辦「全球中華文化經典誦讀大賽」四十多隊，1700多人參加。	
36	2004/11	佛教史上首次於南半球南天寺舉辦18天「國際三壇羅漢戒會」，16國205位戒子，中英文同步授課。	
37	2005/5	中華總會在佛光大學舉辦「全國校長禪修營」。	
38	2005/5	中華總會在高市中正文化中心廣場舉辦「築夢踏實—為考生點燈祈福晚會」由星雲大師帶領考生點燈祈福。	
39	2006/3	慈悲社會福利基金會至全國監獄為受刑人舉行首場「甘露灌頂皈依三寶典禮」由定法師主持，全年26場次，共2800受刑人皈依。	
40	2006/7	馬來西亞佛光青年發起抄經祝禱活動，以9個月手抄8萬部心經，1000多信眾參加。	
計	27	202÷240=84%	

	人間佛教六大特點						
	人間性	生活性	利他性	喜樂性	時代性	普濟性	小計
	v	v	v	v	v	v	6
	v	v	v	v	v	v	6
	v		v		v	v	4
	v	v	v	v	v	v	6
	v	v	v	v	v	v	6
	v	v	v	v	v	v	6
	v	v	v	v	v	v	6
	v	v	v	v	v	v	6
	v	v	v	v	v	v	6
	v	v	v	v	v	v	5
	v	v	v	v	v		5
	35	29	30	31	40	37	202

表2　佛光山改革狹義佛事與人間佛教六大特點比較表

No	時間	創新狹義佛事名稱
1	1964	將傳統冗長早課楞嚴咒諷誦改為心經或普門品。
2	1975	在佛光山大佛城提供大佛法語供信眾去疑解惑、開解智慧用，是另類的現代佛事。
3	1988/11	將初一、十五早課唱誦的寶鼎贊內容「端為民國祈和平」改為「端為世界祈和平」。
4	1990	提倡往生佛事利用每週共修法會做隨堂超薦。
5	1991/2	譜佛光四句偈取代迴向偈和食存五觀。
6	1994	將一日夜的「八關齋戒」戒會改為早上進堂、當晚出堂。
7	1996	在佛光山萬壽園設立臨終關懷設備，讓家屬得以陪伴亡者平靜安然地走完人生最後一程。
8	1998	舉辦為期七天都市型萬緣水陸法會，並傳到世界五大洲。
9	1998	將傳統清晨三、四點的早課時間延後至五、六點間。
10	1999	倡導佛光三昧修持法。
11	2001/5	佛光山梵唄讚誦團假台北市立社教館演出「佛教梵唄—晨鐘暮鼓」，結合現代尖端科技VCR之手法增加視聽效果，為佛教梵音弘法創舉。
12	2003/11/7 & 12/12	「星雲大師禪淨密唱誦講座」分別在台北國父紀念館和香港紅勘體育館舉行，打破傳統單純演說的型式，改以講演與偈語唱頌互相穿插進行。
13	2006/3/4	星雲大師在美國西來寺主持甘露灌頂皈依三寶典禮，首創透過視訊設備與溫哥華、巴西、紐約、波士頓、休士頓和舊金山佛立門等地連線，同步舉行皈依。
14	不詳	將傳統的法會送聖視如辦喜事，信眾妝扮喜氣洋洋的世界各國服飾，使佛教充滿生氣。
15	不詳	小齋天的提倡。
16	不詳	提倡護生取代放生。
17	合計	92÷96=95.83%

| | 人間佛教六大特點 | | | | | | |
---	人間性	生活性	利他性	喜樂性	時代性	普濟性	小計
	v	v	v	v			4
	v	v	v	v	v	v	6
		v		v	v	v	4
	v	v	v	v	v	v	6
	v	v	v	v	v	v	6
	v	v	v	v	v	v	6
	v	v	v	v	v	v	6
	v	v	v	v	v	v	6
	v	v	v	v	v	v	6
	v	v	v	v	v	v	6
	v	v	v	v	v	v	6
	v	v	v	v	v	v	6
	v	v	v	v	v	v	6
	v	v	v	v	v	v	6
	v	v	v	v	v	v	6
	v	v	v	v	v	v	6
	15	16	16	15	15	15	92

2.改革狹義佛事與人間佛教六個特點的比較

　　由一九六四年迄二〇〇六年計有16項改革的狹義佛事（其中最後三項推出時間不詳），符合人間佛教人間性特點的有15項；符合生活性特點的有16項；符合利他性特點的有16項；符合喜樂性特點的有15項；符合時代性特點的有15項；符合普濟性特點的有15項。以生活性和利他性的比例最高，也是16項改革狹義佛事都具足的兩個特點，其他四種特點都是15項。另外，九〇年代以後推出的改革佛事都是具足人間佛教六大特點。整體而言，改革佛事與人間佛教六大特點的相涉程度為95.83%，極為接近。（如表2所示）

　　就表1佛光山創新狹義佛事與人間佛教六大特點比較，和表2佛光山改革狹義佛事與人間佛教六大特點比較兩表來看，前者的相應度為0.84；後者為0.958，顯然改革狹義佛事更貼近人間佛教的六大特點，主要理由應該是傳統狹義佛事早已存在，易見其不適用處，改革後較能適合時代的需求。而創新狹義佛事是首度開創，未有前例可參考，可能需要時間不斷調整與修正，才能完全滿足人間佛教的六大特點，從兩表後半段出現的高相應度即可證明。可見人間佛教從蘊釀到成型，整個過程就是典型的行動研究方法，邊做邊學來成就的。

伍、結論

　　學佛的目的就是要成佛，而成佛就要像佛一樣做佛事。

雖然隨著時代的更迭，善巧方便的佛事種類愈加繁複，但不出廣義和狹義兩種佛事。廣義佛事含蓋一切信佛之事、求佛之事、成佛之事，和佛光山推動人間佛教所實踐的四大宗旨相符。狹義佛事雖只包含朝暮課誦和祝禱懺儀法會，但佛光山的人間佛教卻不斷針對它推陳出新，在佛光山改革和創新的狹義佛教中，改革狹義佛事比創新狹義佛事更貼近人間佛教的六大特點。而早晚課誦和祝禱懺儀等就屬於改革的狹義佛事，也是廣義佛事之一，它更有助於我們每天早晚的警覺和反省，是廣義佛事的根本。

　　成佛要靠自己成就，佛事也要靠自己去做去經驗，才能對佛事不斷改革和創新，以利益更多的眾生。狹義佛事為主的朝暮課誦，並非世尊所制訂，而是到了中國佛教祖師百丈和馬祖才提出。因為世尊時代，四眾弟子都知道精進向道。後來眾生的根性差，煩惱習氣重，障礙用功，所以祖師們才提倡共修，強調朝暮課誦的功德迴向也漸漸形成風氣，而取代了原本溫故知新深入法義的本意。

　　其實中國佛教傳統的朝暮課誦還能幫助我們對治懈怠，養成早起的好習慣；反觀自照，開發慚愧感恩的善心；銷融自我、加強僧團的凝聚力；長養道氣、完成戒定慧的修持等等不勝枚舉。從本文狹義佛事與當代主流人間佛教六大特點的比較，亦可證明狹義佛事的早晚課誦，是在每天生活中落實人間佛教最直接且有效的方法。佛光山星雲大師在這方面亦極盡心力，開創了許多簡單易行的早晚課誦方法，如佛光三昧修持法等。

佛事是為人而設，沒有人佛教就沒有存在的意義。所以佛教的人間化是必然的發展趨勢，而非佛教的墮落，墮落的是人。所謂「人能弘道，非道弘人」，令人遺憾的是，隨著佛教現代化帶來的忙碌生活，如今佛門的早晚課誦有逐漸被忽視的傾向。值此訊息萬變的新佛教運動轉型期，過去叢林四十八單職事的養成已不敷僧眾在推動人間佛教時使用，故做為人天師表的僧侶們，在培養現代多元佛事本領的同時，不宜荒廢做為僧眾修行根本的朝暮課誦，方能以身示法，做為在家信眾修行的典範。

　　這幾十年來，星雲大師努力推動「弘揚人間佛教，開創佛光淨土」的弘法目標。帶領佛光山以「文教為主、慈善為輔」，以「共修活動」為弘化方便，創新和改革了具有人間性、生活性、利他性、喜樂性、時代性、和普濟性的多元佛事，以利益各典型的現代人，能在繁忙生活中淨化身心行為、提昇生活能量、開發生命智慧、創造人間淨土。這些努力不但為佛教開創了更多樣化的廣義佛事，並為二十一世紀新佛教創造了如下多種貢獻：

　　1.世界佛教人口增加

　　2.青年學佛風氣日盛

　　3.在家弟子弘揚佛法

　　4.傳播媒體重視佛教

　　5.佛教文物廣泛流通

　　6.佛教梵唄受到重視

　　7.佛光人會蓬勃發展

8.教育學界肯定佛教

9.政黨人物實踐佛教

10.演藝人員皈依佛教

11.佛學會考成績輝煌

12.弘法佈教跨國越洲

這種種成就為未來佛教的弘傳和人類的幸福注入了希望和光明。

（本論文發表於2009年5月18-20日佛光山文教基金會贊助/美國哈佛大學與香港中文大學合辦「人間佛教及參與佛教的模式與展望」國際學術研討會，頁112-129。）

參考書目

一、原典

姚秦・鳩摩羅什譯，《維摩詰所說經》，《大正藏》冊14，no.475。

東晉・佛陀跋陀羅共法顯譯，《摩訶僧祇律》，《大正藏》冊22，no.1425。

元・德輝重編，《敕修百丈清規》尊祖章第四，《大正藏》冊48，no.2025。

隋・費長房撰，《歷代三寶記》，《大正藏》冊49，no. 2034。

東晉·法顯，《高僧法顯傳》，《大正藏》冊51，no.2085。

唐·玄奘奉詔譯，辯機撰，《大唐西域記》，《大正藏》冊51，
　　no.2087。

清·儀潤註，〈百丈清規證義記〉，《卍續藏》冊111，新文豐。

二、書籍

李林，《梵國俗世原一家》，北京：學苑出版社，2003。

佛光山宗務委員會編，《佛光山開山三十週年特刊》，高雄：佛光
　　文化事業公司，1997。

佛光山宗務委員會，《雲水三千──星雲大師弘法50年紀念影像專
　　輯》，高縣：佛光山文教基金會，2003。

星雲，《心甘情願》，高雄：佛光出版社，1993。

星雲，《佛光大辭典》，高雄：佛光出版社，1988。

星雲，《佛光山開山四十週年紀念特刊》，高雄：佛光出版社，
　　2008。

星雲，《佛光學》，《佛光教科書第十一冊》，高雄：佛光出版
　　社，1999。

星雲，《佛教常識》，《佛光教科書第七冊》，高雄：佛光出版
　　社，1999。

淨空，〈實踐早晚二課〉，九八年新加坡淨宗學會早餐開示──
　　1998/5/20。

黃慶瀾註解，《朝暮課誦白話解釋》，台北：瑞成書局印行，

1986。

聖嚴，《為什麼要做佛事》，台北：法鼓文化事業，1967。

釋祥雲，《佛教常用「唄器、器物、服裝」簡述》，台北：普門文庫，1985.11。

釋興慈，《二課合解》，台北：妙吉祥出版社，1987。

三、期刊論文

楊惠南（2000）：〈人間佛教」的經典詮釋～是「援儒入佛」或是回歸印度？〉《中華佛學學報》第13期，2000，頁479-504。

編輯組，〈金鐘木板扣晨昏〉，香光莊嚴四十期/83年12月20日。王新，〈佛門課誦考〉，獅子吼雜誌二十七卷第六期，1987.5。

四、學位論文

呂慧真，〈音樂、儀式、舞台—台灣佛光山音樂會之研究〉，國立臺南藝術大學民族音樂研究所95碩士論文。

林美玲，〈佛光慈善事業之發展—佛光山慈悲基金會等個案研究〉，宜蘭縣：佛光大學宗教學研究所92碩士論文。

林純君，〈佛光山文化事業發展與能力建構之研究〉，嘉義縣：南華大學宗教學研究所96碩士論文。

林惠美，〈臺灣佛教水懺儀式音樂研究——以佛光山及萬佛寺道場為對象〉，台北市：國立臺北教育大學音樂研究所94碩士論文。

林寶鑾，〈佛光山分別院辦理的都市佛學院學員學習成效評鑒指標之研究〉，國立高雄師範大學成人教育研究所在職專班91碩士論文。

胡琬苹，〈從「信徒的社會階層」探討人間佛教道場的發展——以佛光山台北道場為例〉，宜蘭縣：佛光大學未來學研究所94碩士論文。

黃素霞，〈當代台灣佛學院課程規劃之探討〉，嘉義縣：南華大學宗教學研究所96碩士論文。

陳麗娟，〈改宗與皈依歷程——以後解嚴佛教團體之信徒為例〉，宜蘭縣：佛光大學宗教學研究所96碩士論文。

楊莉那，〈天台小止觀與佛光山生活禪的比較研究〉，台北縣：輔仁大學宗教學所95碩士論文。

賴凱慧，〈大化無形的弘法媒介——佛光山「宗教美術」之理念與實踐〉，宜蘭縣：佛光大學藝術學研究所90碩士論文。

五、網站

佛光山全球資訊網http：//www.fgs.org.tw/main.htm

釋從信，〈咒語非佛說〉摘自《我從迷信出走》

　　www.charity.idv.tw/i/i11.htm

第四篇
社區大學與佛光山
人間佛教在台灣
的現代發展

壹、緒論

印度佛教自東漢傳入中國後的發展過程中，受到三武一宗教難的迫害，四次阻礙佛教在中國的發展。近代從清末延續到民初的廟產興學，由於部分知識份子及政府官員對佛教缺乏了解，以及土豪、劣紳等野心份子覬覦廟產，乃藉興學之名，行併吞寺廟之實，遂造成寺產被毀損強占、僧尼被勒令還俗等迫害佛教之不良後果，卻促使佛教走上革新之途。

佛教傳入臺灣，至鄭成功經營臺灣，佛教漸受重視。一九四九年（民國38年），中國大批僧侶隨政府遷臺，致使臺灣佛教起一大變化。有關佛教之行政、文化慈善事業、佛教僧伽教育及社會教育、佛教之布教、寺院之興建，與國際

佛教之聯繫等，均陸續開展。自一九七〇年以來，臺灣佛教徒之知識水準已有顯著之提高，弘法方式逐漸革新，佛教信仰亦日漸普及，頗有一番新興氣象。【1】 尤其是星雲創辦佛光山寺後，積極推動以文化弘揚佛法、以教育培養人才、以慈善福利社會、以共修淨化人心等四大宗旨的人間佛教。在教育方面，自一九六四年陸續在台灣、香港、澳洲、南非和印度等國設立了十六所佛學院；自一九九一年迄今陸續在美國、台灣和澳洲成立了四所大學；自一九八五年陸續在台灣設立兩所高中職、一所國小和兩所國民中小學；自一九五六年陸續在台灣設立五所幼稚園和在巴布新幾內亞成立一所幼稚園；自一九九四年在台灣設立世界異地教學的勝鬘書院；以及自二五〇〇年陸續在台灣設立的十五所社區大學，提供寺廟設備資源，配合政府辦學，此種提供廟產興學與不到一個世紀前的廟產興學有何差異？

　　與「台灣社區大學」相關的碩博士研究論文計有162篇，最早始於一九九八年朱森村的〈公私部門協力關係之研究—台北市推動社區大學個案分析〉【2】，是台灣政府借

【1】印順、妙欽《中國佛教史略》；道安〈中國佛教之近況〉，《海潮音》第三十八卷第十一期、第十二期；青松〈中國佛教之過去及未來〉，《海潮音》第四十二卷第十一期、第十二期；《中國佛教史論集》〈臺灣佛教篇〉（現代佛教學術叢刊87）；中村元《中國佛教發展史》第四篇第二章，都有討論到相關問題。《佛光大辭典》，頁5903-4。

【2】朱森村：〈公私部門協力關係之研究—台北市推動社區大學個案分析〉，台北：國立政治大學公共行政學系1998年碩士論文。

助民間團體協辦社區大學的試辦階段，故該論文針對公私
部門協力關係之研究。翌年一九九九年有三篇學位論文，
都在探討社大的需求性和定位問題，如蕭佳純〈台南市社
區大學需求評估之研究〉【3】、陳瓊如〈我國社區大學的發
展及其定位之研究〉【4】和彭靜婷〈教育系統設計之研究——
以文山社區大學為例〉【5】。之後研究社大的學位論文就逐
年遞增，探討的問題越加深入細微或針對某個社大的個案研
究或少數族群的課程研究。如徐心浦〈社區大學成人教師
教學困擾及其因應方式之研究〉探討成人教師教學困擾及
其改革策略【6】；魏銀河〈台南市社區大學學員學習滿意度
及其相關因素之研究〉【7】與黃洲〈雲林縣社區大學成人學
習者學習風格與學習成效關係之研究〉【8】都是針對特定社

【3】蕭佳純：〈台南市社區大學需求評估之研究〉，台南市：國立成功大學教育研究所
　　1998年碩士論文。

【4】陳瓊如：〈我國社區大學的發展及其定位之研究〉，高雄市：國立高雄師範大學成
　　人教育研究所1998年碩士論文。

【5】彭靜婷：〈教育系統設計之研究——以文山社區大學為例〉，高雄市：國立高雄師範
　　大學成人教育研究所1998年碩士論文。

【6】徐心浦，〈社區大學成人教師教學困擾及其因應方式之研究〉，嘉義縣：國立中正
　　大學成人及繼　續教育研究所2003年碩士論文。

【7】魏銀河，〈台南市社區大學學員學習滿意度及其相關因素之研究〉，嘉義縣：國立
　　中正大學成人及繼續教育研究所2002年碩士論文。

【8】黃洲，〈雲林縣社區大學成人學習者學習風格與學習成效關係之研究〉，嘉義縣：
　　國立中正大學成人及繼續教育所2006年碩士論文。

大做學習成效的相關研究；李欣翰〈東南亞裔配偶識字教育志工參與服務之學習經驗研究—以新竹市三所社區大學志工為例〉專就東南亞裔配偶識字教育班志工參與服務之學習經驗研究【9】，賴玉霞〈苗栗縣社區大學客家文化課程推動成效之研究〉針對個案中少數族群的客家文化課程的成效做探討【10】。

　　與本論文探討的佛光山設立的十五所社大有關的學位論文只有一篇——鍾貴文〈佛光人間生活禪與社會教育-以福山寺為例〉，該論文主要鎖定佛光山彰化福山寺所辦的彰化市社區大學所開設的禪修班學員做深度訪談及參與觀察，旨在探究禪光人間生活禪本質，及了解其對個人及社會的重要性。【11】然而該論文只限定在禪修課程的成效，無法窺見彰化市社區大學弘法成效的全貌，更無法代表佛光山十五所社大的傳法度眾功能。但可做為本論文的參考。

　　其他探討「廟產興學」的相關研究，則有林作嘉〈清末民初廟產興學之研究〉，該文主要從當政者、地方紳士、僧道和民眾幾個角度，觀察他們各自對廟產興學的態度。從他

【9】李欣翰，〈東南亞裔配偶識字教育志工參與服務之學習經驗研究—以新竹市三所社區大學志工為例〉，嘉義縣：國立中正大學成人及繼續教育所2006年碩士論文。

【10】賴玉霞，〈苗栗縣社區大學客家文化課程推動成效之研究〉，桃園縣：國立中央大學客家政治經濟與政策研究所在職碩士專班2007年碩士論文。

【11】鍾貴文，〈佛光人間生活禪與社會教育-以福山寺為例〉，宜蘭縣：佛光大學佛教學研究所2008年碩士論文。

們對應的行動裡，分析為什麼廟產興學不能有很好的成效，主要的原因在：興建新式學堂需要大量的經費，而廟宇的僧道住持不願因此放棄廟產；中國宗教的複雜性讓當政很難定出一個公平合理的規範；最後是民眾無法接受自身信仰中心受到破壞。藉此我們可以知道，興學救國的理念在下階層並不能起很大的影響力，民眾有自身的考量角度。【12】此篇論文亦可提供做為本研究的參考。

貳、台灣社區大學的起源與發展

一、台灣社區大學的起源

根據二○○八年元月二十三日中國新聞網〈台灣社區大學走過十年成年人重新找到學習意義〉一文報導：一九九八年，台灣大學退休教授黃武雄倡議發起社區大學運動，島內第一所社區大學——台北市文山區社區大學應運而生。十年後，台灣已有八、九十所社區大學，還有十三所少數民族部落大學。每個學期全台社區大學的就學人數是十二萬。在台灣民間掀起一股終身學習的風潮。

【12】林作嘉，〈清末民初廟產興學之研究〉，台中市：東海大學歷史學所1999年碩士論文。

社區大學的起源有著特定的時空背景，因此揭櫫了「解放知識」、「催生公民社會」的宗旨。簡單來說，社區大學是想平衡台灣各級教育，尤其高等教育，普遍充斥的「菁英主義」，認為教育和知識應該是一種「公共財」，能夠讓社會多數想要上進的民眾都有機會接觸和分享。台灣的高等教育普及面雖然還算廣，但還是有許多人沒有機會上大學。更何況還有因為家境貧寒或者其他原因當年沒有繼續深造，如今已經人到中年的職場男女。在這樣的背景下，經許多有識之士的奔走呼籲，一九九八年，台灣第一所社區大學應運而生。

　　台灣的社區大學是非營利性質的機構，經費來自於教育部和縣市政府教育局的撥款。縣市政府撥款多少，教育部就補助多少。除此之外，學生每修一門課程，需要交納新台幣2400的費用。場地則是所在社區的中小學，一般不用租金，只出水電費。老師則根據實際需要遴選，有一些老師就是民間藝人，有一些則是大學的老師，他們的費用按課時給付。

　　社區大學不是正規的大學，台灣的教育當局不承認其學歷，所以，學生修完所有課程得到128學分後，會拿到結業或者畢業證書，沒有學位。但是，社區大學的學時，可以算做教師和公務人員短期研習時數。社區大學的課程分為學術課程、社團活動課程和生活藝能課程，如吟詩誦詞話科學、軍事物理學、分子博覽會、天文觀測、植物微生物與生活，還有攝影基礎、電子商務等等，非常廣泛，也很有趣味性，學生可以自由選擇。由於學生參差不齊，所以對基礎差的學

生還有一個學前班。由於這些學生都有工作，或者有家庭牽
累，所以，一般來講，一個人一個學期只修一門課。而每一
門課程是二到三學分，每週三小時的課。晚上七點鐘到十點
鐘。一個學期是十八週。一般不舉行嚴格的書面考試，多半
會要求學生提交多元化的學習成果，以便讓他們找回自信，
自我成長，並回饋社會。學員有寒暑假，但是學員還會要求
學校組織一些社會實踐。社大也讓不少台灣成年人重新找到
學習的意義，甚至轉變價值觀念。

二、社區大學的特點

　　社區大學在西方國家尤其是美國已行之多年，台灣首創
社區大學迄今雖才有十多年歷史，但社區大學的三項特點已
明顯可見。

（一）教育的普及化

　　社區大學立足於教育的普及化，所以，入學資格不像
大學那麼嚴格，學員不分年齡、性別、學歷、社會背景、目
的、興趣及學習能力，社區學院向所有人提供均等的教育條
件和入學機會。此外，社區大學還特別注重個人學業輔導、
心理輔導和職業輔導，這對於不同需求和來自不同年齡、文
化、社會階層、職業和學習背景的學生來說是十分重要的。
　　社區學院的特點還在於它的地區性。從學校的設立、管
理到課程編制、教學活動的開展，都與社區有著密不可分的

聯繫。在美國，社區學院大體上以每20萬人口擁有一所的比例分佈在全美各個地區。

（二）教育的多元化

　　社區學院的進修科目和課程安排較為多元化，且進修的自由度也很大。社會需求和發展大都可以反映在學校的課程內容和教學活動裡，教學內容覆蓋面極廣。從農業到工業、從家政到商業、從醫療部門到服務部門，如護士訓練，醫療技術員，病理化驗師，社會工作者，繪圖員，測量員，通訊技術，文員秘書，會計等等，無所不包，應有盡有，稱得上是職業技術教育的「超級市場」。

（三）課程的專業化

　　社區學院除提供多元化的課程給學生進修外，其中還擔負起專業知識、專業技能或專業資格的培訓。在經濟急劇發展和技術發達的地區（如香港、台灣、日本等），社會上各行業的內容和技術已日趨專門化、系統化和效率化，這導致了人才培養的專門化，而社區大學在這方面就扮演了十分重要的角色。【13】

【13】參閱金華廣播電視大學：〈關於成立金華社區大學必要性和可行性的研究〉
　　http://www.jhtvu.net/DisplayNews.aspx

三、台灣社區大學未來展望

　　社大在台灣得到蓬勃發展，卻也面臨許多困惑。黃武雄教授表示，當初倡設社區大學的初衷之一，是希望民眾有機會接受學術教育，沒有想到「目前學術課程幾乎都無法存活了」。但是，有失必有得，社大在其他方面拓展了空間。如今，台灣各地社區大學的條件與關懷面各有不同：台北縣與基隆市社大關心河川議題，桃園新竹苗栗以客家文化為主，南部地區則開展志工社會議題。

　　社區大學發展十年之際，其未來發展方向引起多方討論。台灣社大促進會常務理事顧忠華認為，台灣的社區大學在環保、社區營造、地方文史等領域逐漸發展，未來須建立一套知識論述的體系「社大學」，鼓勵居民關心公共議題。台南社大校長林朝成則建議社區大學參考劍橋大學做法，每年設定一至三個主題講座，跨學科跨領域深度講述，引領思潮，也擴大社大人才資源與創意傳播。【14】

參、佛光山社區大學簡介

　　佛光山創辦人星雲大師在亂動紛擾的年代，深刻感受教育的重要性，故以具體行動實踐辦學與宣教並重的理念。更

【14】吳亞明，〈台灣社區大學走過十年成年人重新找到學習意義〉，《人民日報》2008.1.23。

重要的是面對百萬人以上的皈依信眾及佛教的慕道者，星雲
大師以推動人間佛教，建設人間淨土的理念，加以種種方便
善巧的教育方法與內容，令眾生得到正確的人生觀，提升信
仰層次，進而充實生活內涵，淨化社會人心。

　　佛光山四十年多來所辦理的信眾教育，種類眾多、內
容豐富。為了接引社會各階層的大眾親近佛法，讓不同年
齡、職業的人，都能受用佛法，從一九六九年起，陸續創辦
「大專佛學夏令營」、「媽媽夏令營」、「教師夏令營」、
「青少年夏令營」、「心靈成長營」、「企業人士心靈探
索營」等各種夏令營：從壽山寺時代開始，周日的佛學講
座，到一九八五年成立「佛光山高雄都市佛學院」，此為佛
教界信眾教育的一大創舉。其後，臺北普門寺、新竹無量
壽圖書館、嘉義圓福寺等的都市佛學院也相從繼成立。【15】
一九八六年首次舉辦「信徒講習會」，於一九八八年起，每
年利用寒暑假期間，舉行「短期出家修道會」，這也是中國
佛教教史上信眾教育的一項創舉。

　　佛光山之所以於各地設立別分院，是為了讓信眾就近
親近道場、聽聞正法。因此，於一九八五年起，依信眾的年
齡與層次，于各地紛紛成立「青年會」、「婦女法座會」、
「金剛禪座會」等。現今，更有為銀髮族人士開設「松鶴學
苑」，以佛法傳授、心靈充實，與生活保健等專題為主要內
容。另外，於一九九四年創辦「勝鬘書院」，為當今的時代

【15】佛光山宗務委員會，《四十週年紀念特刊》，佛光出版社，2008，頁263。

女性，規劃新的人生方向。

「世界佛學會考」亦為近代佛教史上的一項創舉。借著每年所舉行的會考，讓廣大信眾從佛學題庫中，學習佛法知見。目前，更推展至高中及國中小學，以漫畫題庫建立其正確的人生觀與價值觀，全世界參加人數已超過百萬人以上，此舉對於信眾教育與社會教化二方面，都具有正面的意義。

之後創辦「人間佛教讀書會」，鼓勵佛教徒多看書多讀書，並藉由讀書會學習問答與討論，朝生活書香化的目標邁進。「天眼網路佛學院」是因應資訊時代的需要所設立的，由佛光山叢林學院負責，把錄製好的佛法課程放在網路上，讓大家能透過網路學習佛法，而且沒有地區的限制，也沒有收看時段的限制。

大師又期許每個佛光山的別分院道場都能寺院學校化，所以開辦「佛光山人間大學」，這也是佛教創舉，利用各道場的教室開辦各種不同的佛學或社教課程，而且有學分認證，及研習時數的取得，每個道場都吸引了近二千人報名參加，目前在苗栗大明寺、台中光明學苑、彰化福山寺、嘉義南華學館都還成立社區大學與政府共同合辦。其他各道場也都開辦各種課程，讓社會大眾能藉此人間大學社教課程到道場學習。【16】

【16】參閱慧寬，〈佛教信眾教育探討——以佛光山在臺灣地區的信眾教育為例〉，《第二屆世界佛教論壇文集》，頁268-271。

一、佛光山社區大學

　　佛光山自二〇〇三年成立台南人間大學迄今已有十五所社區大學，且還在增加中。藉由寺院學校化、寺院社區化的學習課程，走入家庭、走入社區、走入社會，引導各階層人士從學習過程中，提昇心靈層次，淨化人心。依設立先後分別簡介如下：

（一）台南人間大學

　　座落台南市永華路二段161號6樓台南人間大學前身為「台南佛光社區學苑」，二〇〇三年九月八日第一次籌備會議，由佛光山南台別院召集佛光山台南區別分院法師群及社會各階層精英人士，於台南講堂共同參與策劃社區學苑的願景，秉持星雲大師人間佛教的理念，希望打造一個優質的社會，營造終生學習教育環境─活到老學到老。學苑於二〇〇四年三月初揭幕，系列課程涵蓋婦幼成長營、親子成長營、青少年成長營、長青成長營。

　　於二〇〇七年四月一日起更名為台南人間大學，提供更佳的學習環境。藉由寺院學校化、寺院社區化的學習課程，走入家庭、走入社區、走入社會，引導各階層人士從學習過程中，提昇心靈層次，淨化人心。

　　台南人間大學的宗旨為：推動終身教育學習，提昇生命的價值觀；關懷社區里民生活，營造真善美的社會；創造生命的新契機，拓展人生的新視野；組織社區願景使命，共創清淨人間淨土。以達下列六項目標：

一、秉承星雲大師人間佛教的理念與宗風。

二、實踐人文品德教育共創清淨人間淨土。

三、打造大台南區域優質多元的學習環境。

四、推動南華大學碩士學分班課程的開發。

五、配合政府政策共同推動社會公益服務。

六、樹立台南人間大學為創意的社區大學。【17】

（二）光大社區大學

　　光大社區大學座落台中市大雅路58號B棟18樓，該校秉持星雲法師「以文化弘揚佛法，以教育培養人才」的精神於二〇〇四年成立。該校依據教育部終身學習法所設置，課程內容規劃生涯學習體系、建立終身學習社會作為公民社會教育實行重點。

　　該校朝向以人間佛教的精神與理念來深耕社會，針對生命教育的各項課題，以及面對 e 世紀的各項挑戰，倡導自我心靈淨化，期使家家戶戶、里鄰之間，乃至整個社會，都能相互推誠、仁愛、謙讓、扶持，以塑造祥和歡喜的社區文化。

　　其校訓為「歡喜」、「希望」、「信心」。強調慈悲為體，生活為用，不但以追求知識為本，更重視身心靈的照護。該校積極推動啟發自覺教育、整合社區資源、建構生活地景、擴展國際宏觀，以期落實如下四項教學目標：

【17】參閱台南人間大學網址：http://dharma.fgs.org.tw/shrine/fgsastw35

1.自從啟發心智：以開發自我的潛能，發現生活的問題，探索生命的意義，以活出有意義和價值的人生。提昇自覺心， 以達到自我認知、自我啟發、自我成長的教育目的。

2.養成行善習慣：推動星雲法師提倡的三好運動—存好心、做好事、說好話，以養成正面的思維習慣和良善的行為模式，逐步提昇全民的生活素養與品味。

3.觀照生命尊嚴：從認知生死難題、疑惑、威脅、自覺，至積極的修持五福臨門，長壽、富貴、康寧、修好 、考善終，以能自在勇敢地面對生、老、病、死的人生課題與挑戰。

4.完成健全人格：開展人性向善的智慧本能，去除人性造惡的煩惱習性，開發與生具來的無限潛能，培養慈悲喜捨的良善性格，進而完成健全的人格。以培養公民的人文氣質，落實成人終身學習機制。【18】

（三）彰化市社區大學

設於彰化市福山街348號福山寺4樓的彰化市社區大學成立於二○○四年二月。讓寺院學校化，提供社會大眾終身學習場所；隔年元月開辦美術館，結合人文、藝術、教育、文化於一體，再度擴大寺院功能，增加服務社會大眾面向。

該校位於八卦山麓，與成功嶺遙遙相望，風景優美盡

【18】參閱光大社區大學網址：http://bl.fgs.org.tw/guangda/

收眼底。校園寬敞,計有:普通教室、禪修教室、舞蹈教室、視聽教室、烹飪教室、會議廳、挑高式開放空間及休憩區等。另有停車場供學員免費使用,K書中心對社區民眾開放。教室內的課桌椅,依成年人的身高、體重及人體工學特別訂製,有助於提昇學習效果。

該校有感於景氣低迷,失業率攀高,社會人心浮動,特以『維持學習熱忱隨著時代改變做不景氣的贏家』鼓勵終身學習。依課程目的歸納為:著重生命教育及心靈成長之佛學研習、擴展知識深度及廣度的學術性課程;實現自我、再創生命的價值與生活的積極意義的社團活動;創造生活實用技能,提昇創作能力與生活品質,就課程內容概分為:生活美學-藝術創作類、實用技能-多元就業技能及創業專長、休閒養生類科提昇生活技能與經濟價值的實用性課程、生活美學、休閒養生風等。

另有協助社區發展之免費課程-新移民女性識字班(強調持續性、由淺入深)、銀髮族學習列車、實用客語班、原住民文化教室等。該校宗旨:尊重生命、保育自然生態、推動全人教育、重建群我關係。辦學理念:開啟知識領域,提昇人文素養,營造終身學習環境充實生活內容,提倡社區關懷,完成社會改造夢想。

獨立自主的校園特色,有利下列六大目標的落實。

1.打開知識領域,提升市民人文素養。

2.提倡社區關懷,造就社會改善夢想。

3.培養多元技能,擴展市民就業機會。

4.充實生活內容，營造終身學習環境。

5.發揮服務熱誠，鼓勵區域認同參與。

6.透過資源連結，專業帶動產業發展。

該校課程規劃六大方向：提供一處兼具生活性、喜樂性、人間性、知識性、服務性及多元性之學習環境，開拓彰化地區全民閱讀終身學習之人文願景，培養正確積極人生態度，建設人間美好淨土。【19】

（四）博愛社區大學

該校座落嘉義市博愛路二段241號（後火車站旁、南華會館），響應佛光山星雲大師提倡的四大宗旨：「以文化弘揚佛法，以教育培養人才，以慈善福利社會，以共修淨化人心」的理念，做為辦學的方針。以推動學習型組織家庭為目標，以一所全家大小都可以讀書的學校自我期許，因此特別附設兒童完全學習中心，鼓勵家庭讀書，人人讀書，以書香社會化做為辦學的里程碑。

博愛社區大學以優質的學習環境，提供最基本的學習條件。更擴大佛光山從僧伽教育到社會教育，從幼稚園教育到大學教育，從家庭教育到社會教育，從學校教育到監獄教育等全面性、普及化推動各項淨化人心的各種弘法活動。

星雲大師如此詮釋佛光山全力推動的人間佛教：「佛說的、人要的、善美的、淨化的」。事實上，只要符合真善美

【19】參閱彰化市社區大學網址：http://bl.fgs.org.tw/zhu/

的精神，都是人間佛教戮力的方向。而成立社區大學，推動社區教育，相信能讓更多的社會大眾，認識了解人間佛教人間性、生活性、利他性、喜樂性、時代性以及普濟性等六種特性，而能夠進一步來接觸正信的佛教。【20】

（五）大明社區大學

　　財團法人人間文教基金會成立於一九九八年，以推動全人教育，提倡社會文化、慈善服務、教化工作、贊助文教公益等活動，俾使提升生活品味、增進生活和諧為創立宗旨。本基金會在創辦人星雲大師及其所創立之佛光山教團的領導下，向來以推動教育文化工作為職志，歷年興辦幼稚園、小學、中學及佛學院，乃至國內外之大學甚多。不唯辦學經驗豐富、充滿教育熱忱，更能不囿於宗教性佈教弘法之範疇，立意要本諸佛教徒喜捨奉獻之精神，為社會教育做終身之奉獻工作，而使本基金會成為一獻身社會教育工作之專業基金會。

　　五十五年前，星雲大師初到台灣時，受到苗栗縣大湖鄉法雲禪寺妙果長老的知遇之恩，發願要在苗栗興建一座道場弘揚佛法。在因緣際會之下，終於在苗栗市經國路國立苗栗農工旁，購得一千多坪土地，即展開規劃興建新道場，經大師命名為佛光山大明寺，取光明普照之意，二〇〇三年六月二十五日正式動工興建，新道場屬地下一層、地上四層建

【20】參閱博愛社區大學網址：http://sql.fgs.org.tw/homepage/dalin

築。

　　座落苗栗市經國路二段485號（國立苗栗農工學校旁）
的大明社區大學為現代化、多功能道場，地下一樓為大眾集
會堂，一樓為大寮、齋堂、滴水坊及展覽空間，二樓為大
殿、禪堂、圖書館，三樓為教室、會議室，四樓為教室及寮
房；特別有利於文教功能的發揮，以及淨化人心的功能，提
供苗栗地區廣大民眾一個修行、充實知識、學習的地方。希
望藉由苗栗大明社區大學的成立，提供地方人士多一層進修
的管道，並結合地區之各級教育團體與基金會所屬之學術資
源，共同推動苗栗社會文教工程之完成。【21】

（六）高雄人間大學

　　座落高雄市左營區忠言路28號2樓佛光山南屏別院的高
雄人間大學，前身為「佛光山普賢寺社教學苑」，該校秉持
星雲大師人間佛教的理念，落實寺院學校化、藝文化的目
標，推動終身學習教育，以提升南台灣的人文藝術，希望發
揮傳道授業解惑的教育功能，及做為心靈教化的加油站，因
此朝社區大學的願景發展。

　　該校課程規劃有佛學、各種才藝課程，提供民眾充實生
活，增進技藝，陶冶身心，是拓展人生視野，進修學習的好
場所。其宗旨有如下五項：

　　1.秉承星雲大師理念，弘揚人間佛教精神。

【21】參閱大明社區大學網址：http://sql.fgs.org.tw/homepage/fgsastw2j/

2.實現終身學習願景，提升文化藝術涵養。

3.推動人格品德教育，拓展人生心靈視野。

4.營造多元學習環境，建立真善美的社會。

5.關懷社區民眾生活，共創清淨人間淨土。【22】

（七）新竹人間大學

　　座落於新竹市東區民族路241巷1號鬧中取靜的新竹人間大學，是新竹市民心靈的加油站。其前身「無量壽圖書館」，自一九八三年改組董事會，禮請星雲大師為董事長後，經歷任住持的經營及一九九二年六月的拓展重建，迄今已是一間兼具現代化且多種功能的寺院道場。佛光山接手後的「法寶寺」，更在星雲大師的四大宗旨下肩負起文化、教育、慈善及共修的大任，硬體有風采依舊的「圖書館」，如今增添了館藏，還多個抄經堂及兒童閱覽室、莊嚴的大雄寶殿、溫馨的齋堂、多功能的視聽室、會議室及流通處，另外還有提供營養可口、物廉價美的「滴水坊」；軟體有系列講座、法會、共修會、佛學講座及多元、豐富的社教課程。

　　新竹人間大學自民國二〇〇八年起，擴大開設春季班及秋季班的社教課程。為因應各層人士的需求，課程有生命教育、人文藝術、優勢生活、休閒養生及兒童樂園等五大區塊，每個區塊內開有不同的班別，從星期二至星期天，熙來攘往的學員生氣盎然！二〇〇九年的「生耕致富」系列講座

【22】參閱高雄人間大學網址：http://sql.fgs.org.tw/homepage/fgsastw2j/

及二〇一〇年的「威德福海」系列講座，連續十場的名人、專家、學者的精彩演講，讓新竹市民在偷得浮生半日閒下拓展人生的新視野。

在科技日新月異、文化多元激盪下，終身學習、終身修行乃現代人必修的課程，新竹人間大學兼負時代使命，一步一腳印，穩步邁向前，提供新竹市民另一種選擇空間，活出健康、自在，有品味的生命！【23】

（八）人間大學台北分校

二〇〇九年設立的人間大學台北分校，座落於台北市信義區松隆路327號松山火車站旁，課程分為宗教生命教育、生活成長課程以及與佛光大學和南華大學合作的學分課程。該校強調學習，是提升自我、增長智慧的基礎動力，越多的人能持續的學習，就能打下促進社會整體品質的基礎，而「終身學習」所涵蓋的對象，應是所有年齡、種族、性別、宗教信仰的人，而不只單單是成人的需要，我們希望能讓所有人都能從小就開始養成學習的習慣，讓學習成為生活與生命的一部分，隨著年齡的成長，不斷的精進，乃至終老，都能在人間大學之中獲得學習的喜樂，亦即「人間要上的學校，一所全家大小都可以就讀的學校」，提供民眾「一生的學習服務」。【24】

【23】參閱新竹人間大學網址：http://dharma.fgs.org.tw/shrine/fgsastw2f/

【24】參閱人間大學台北分校網址：http://www.fgs.org.tw/tpevihara/

（九）人間大學大覺分校

　　人間大學大覺分校座落於新竹縣竹東鎮長春路一段167號，竹東地勢四面環山，位置接近新竹縣中央，該鎮極南五指山海拔一○七七公尺雲霄，為全台十二勝景之一，木材及煤炭的集散使本鎮成為頭前溪中游一顆閃閃發光的明珠，大覺寺位於竹東鎮南華裡長春路167號，環境清幽復古典雅，是一座鬧中取靜的寺院，令人有思古懷舊之情,鄰近有竹東高中。

　　一九五五年林西竺和甘玉燕不計當時物力為難，排除萬難，購第三百坪創建大覺寺。一九五七年再增建住房及客廳，聘請生定法師為監院，同年大殿初步完工。一九六一年禮聘中壢圓光寺妙果老和尚為住持。一九六二年老和尚圓寂，由達性法師接任住持，經年年增建，次第完成前殿、前殿廊下、後樓、天井等工程，使寺業日趨興盛。一九九七年七月十三日，大覺寺交由佛光山接管，由宗長心定和尚擔任住持。由於教化需求，成立人間大學大覺分校，啟動社會教育結合佛教育系列課程。【25】

（十）人間大學高雄分校

　　座落於高雄市小港區永順街47號12樓的高雄人間大學設立於二○○八年春季，秉持星雲大師人間佛教理念，落實寺院學校化、藝文化的目標，推動終身學習教育，福利社區居

【25】參閱人間大學大覺分校網址：http://dharma.fgs.org.tw/shrine/fgsastw2f/

民，使其在生命教育或藝文教育多元化成長。

　　高雄人間大學前身為「佛光山普賢寺社教學苑」，近年來，星雲大師深感南台灣高雄、屏東地區，應建設綜合性、多元化現代佛法文教中心，於是在高雄市左營區興建「佛光山南屏別院」，遂設立「高雄人間大學」。以提升南台灣人文藝術，希望發揮傳道授業解惑的教育功能及做為心靈教化的加油站，因此朝社區大學的願景發展。

　　該校宗旨：秉承星雲大師理念，弘揚人間佛教精神；實現終身學習願景，提升文化藝術涵養；推動人格品德教育，拓展人生心靈視野；營造多元學習環境，建立真善美的社會；關懷社區民眾生活，共創清靜人間淨土。【26】

（十一）人間大學鳳山分校

　　鳳山人間大學設於鳳山市文雅東街8號佛光山鳳山講堂，講堂自二〇〇七年八月正式啟用以來，為鳳山地區民眾提供心靈加油站之功能，如佛教百貨公司開設有社教課程、親子成長、長青學苑、法會共修等活動，對淨化社會人心，弘揚人間淨土，功不可沒。尤以首創都市佛學院，接引廣大信眾學佛，更為人所津津樂道。

　　鳳山人間大學前身為「佛光山鳳山講堂社教學苑」，秉持星雲大師人間佛教的理念，落實寺院學校化、人文藝術化的目標，推動終身學習教育，以提升鳳山人文藝術，希望發

【26】參閱人間大學高雄分校網址：http://nanping@fgs.org.tw

揮傳道授業解惑的教育功能及做為心靈教化的加油站，因此
朝社區大學的願景發展。

鳳山人間大學宗旨：秉承星雲大師理念，弘揚人間佛教
精神；實現終生學習願景，提升文化藝術涵養；推動人格品
德教育，拓展人生心靈視野；營造多元學習環境，建立真善
美的社會；關懷社區民眾生活，共創清淨人間淨土。

鳳山人間大學規劃有佛學、各種才藝課程，提供民眾充
實生活，增進技藝，陶冶身心，是拓展人生視野，進修學習
的好場所。【27】

（十二）人間大學屏東分校

人間大學屏東分校座落屏東市建華三街46號，秉持佛光
山開山宗長星雲大師「以教育培養人才」理念，期盼打造優
質的社會，營造終身學習教育環境。藉由寺院學校化、寺院
社區化的願景，全方位多元提供民眾學習的課程，提昇心靈
層次，淨化人心。【28】

（十三）人間大學旗山分校

人間大學旗山分校設於佛光山旗山禪淨中心，該中心
位於旗山鎮中正路241號，臨近中山公園、旗山國民小學，
交通便利。此棟建築共有六個樓層（含地下室），外壁粉紅

【27】參閱人間大學鳳山分校網址：http://fgsastw3b@fgs.org.tw

【28】參閱人間大學屏東分校網址：http://fgsastw3c@ecp.fgs.org.tw

色，配上傳統彩繪，各層樓相間琉璃瓦，融和傳統與現代，為一棟簡單素雅的寺院風格。

　　一九六七年佛光山開山之初，旗山信眾前往朝禮求法者，絡繹於途；一九八一年租借場地，成立「旗山布教所」，並派法師弘法布教。因共修場地係屬租借，難臻理想，又經四次遷徙，為求正法久住，遂有擇地建寺之議。

　　一九九五年，經信眾佈施、資源回收，購得現址；翌年七月二十五日動土興建，一九九九年九月竣工，名為「佛光山旗山禪淨中心」，佔地二六〇坪，建坪每層一九九坪。

　　在僧信二眾努力下，結合地方資源，設立人間大學旗山分校，推廣社教弘法活動，成為旗山大眾精神寄託與心靈加油站。未來，將致力人間佛教的弘揚與教化之推展，發揚佛光宗風為大任。【29】

（十四）人間大學普賢分校

　　屬於現代都市道場的普賢寺及人間大學普賢分校，座落於高雄市前金區七賢二路426號，沿續創立於一九六三年的壽山寺。

　　有鑑於壽山寺信徒日益增多，場地呈飽和現象，佛光山開山宗長星雲大師指示當時的住持慈惠法師，另覓場地，籌建道場。幾經籌措，終於在一九八一覓得現址，經規劃後動工興建。一九八三年十月二十五日，普賢寺舉行大雄寶殿啟

【29】參閱人間大學旗山分校網址：http://fgsastw3e@ecp.fgs.org.tw

用及佛像安座典禮，從此正式發揮弘法度眾的功能。

　　人間大學普賢分校在規劃上，完全以弘法利生及信徒活動之需要為主，除了十二樓莊嚴的大雄寶殿外，十一樓以下具有講堂、齋堂、會議室、客房等現代設備，在同一時間內能進行各種不同的活動，利益更多信眾。

　　為了實踐普賢菩薩的大行精神，弘揚人間佛教的理念，在法務和社教方面皆不斷發揮及開拓其弘法度眾的功能。在法務方面，定期舉辦孝道月梁皇法會、護國祈安藥師法會、彌陀法會、唸佛共修會等，落實佛光山「以共修淨化人心」的宗旨。在社教方面，每年開辦春秋兩季課程，冬夏季舉辦兒童訓練營，除了提供佛學、才藝、崧鶴班、青少年及兒童教育等課程予信眾，更積極加強兒童的品格教育，實踐人間佛教「以教育培養人才」的理念。【30】

（十五）人間大學蘭陽分校

　　座落宜蘭市中山路三段257號蘭陽別院及人間大學蘭陽分校是一棟十七層樓的「智慧型」大樓，除了有負責整棟大樓的空調中心、電腦中心、資訊中心外，更強調人性化的空間規劃，集寺院所有優點及大樓特色於一身。同時設有佛光大學城區部，除了作為大學部及研究所上課之用外，並設有推廣教育中心，廣邀專業教授授課，希望帶動東部地區的學

【30】參閱人間大學普賢分校網址：http://fgsastw8u@fgs.org.tw

術研究風氣，提昇人文素養。【31】

　　上述各社區大學課程內容多元化，對象從幼兒到銀髮族，如表1所示：

表1 佛光山社區大學一覽表

No	成立時間	名稱	所在地	課程內容	性質
1	2003.12.15	台南人間大學	台南縣市	婦幼成長營、親子成長營、青少年成長營、長青成長營　內容：生活美學、生命教育、人文藝術、體能健身、兒童課程	目前尚無政府補助
2	2004.1.16	光大社區大學	台中市	兒童讀經托育服務、現代公民素養、學員社團、國際事務研習營、敦煌舞及合唱團等	政府立案補助
3	2004.2.27	彰化市社區大學	彰化福山寺	生命教育及心靈成長之佛學研習、學術性課程、生活美學、實用技能、休閒養生、新移民女性識字班、銀髮族學習列車、實用客語班、原住民文化教室等。	政府立案補助
4	2004.7.29	博愛社區大學	嘉義市	人文才藝、美學藝術、佛學研究、社教親子、自然學術、兒童才藝、推廣教育、暑期各項活動、松鶴學苑、兒童完全學習中心	政府立案補助
5	2005.3.7	大明社區大學	苗栗縣	人文藝術、比較視野學程、生命管理學程、自然生態學程、地方文史學程、社會管理學程、生活應用學程、公共關係、社團參與、兒童成長系列課程	政府立案補助
6	2008	高雄人間大學	高雄市	佛學研究、科學知識、生活美學、人文藝術、才藝課程、語文進修、修閒養生、敦煌舞及合唱團等	目前尚無政府補助
7	2009	新竹人間大學	新竹市	禪修、梵唄、佛學、佛畫、兒童讀經、敦煌舞、茶藝入門、中國花藝、合唱、烘焙、童子軍	目前尚無政府補助
8	2009	人間大學台北分校	台北市	宗教生命教育、生活成長課程、與佛光大學和南華大學合作的學分課程、都市佛學院、銀髮課程、兒童課程、各種才藝課程	目前尚無政府補助

（續）表1　佛光山社區大學一覽表

No	成立時間	名稱	所在地	課程內容	性質
9	2010	人間大學大覺分校	新竹縣	都市佛學院、兒童讀經班、抄經許願、各種才藝課程	目前尚無政府補助
10	2010	人間大學高雄分校	高雄市	佛學課程、太極禪修、長青班、兒童安班、各種才藝課程	目前尚無政府補助
11	2010	人間大學鳳山分校	鳳山市	生命教育課程、佛學班、禪修班，崧鶴班、國畫班、成人靜物素描班、哈達瑜珈班、古箏、二胡班、養生瑜珈班、素食烹飪班、成人生活英語、成人敦煌舞等才藝課程；科學探索、兒童繪畫班、兒童民族舞蹈班、兒童數學班、兒童英語班、兒童紙藝班以及兒童作文寫作班等歡樂兒童才藝班	目前尚無政府補助
12	2010	人間大學屏東分校	屏東市	書法班、禪修班、合唱團、讀經班、美術班、抄經班、佛光青年團、佛光童軍團、都市佛學院，大悲懺法會，佛學講座，友愛服務隊到醫院服務、義診、監獄佈教等	目前尚無政府補助
13	2010	人間大學旗山分校	高雄縣	佛學課程、英文佛學、讀書會、瑜伽等各種才藝課程、長者關懷站	目前尚無政府補助
14	2010	人間大學普賢分校	高雄市	孝道月梁皇法會、護國祈安藥師法會、彌陀法會、唸佛共修會。冬夏季兒童訓練營，提供佛學、才藝、崧鶴班、青少年及兒童教育等課程	目前尚無政府補助
15	2010	人間大學蘭陽分校	宜蘭市	禪修、梵唄、佛學、佛畫、兒童讀經、	目前尚無政府補助

由表1可見佛光山創辦的社區大學共四所，集中在二
〇〇四至二〇〇五年間，已是一般社區大學成立顛峰期之後
（見表2），地點都集中在台灣中部。尚未獲取政府補助的
所謂「人間大學」則分布在最早的二〇〇三年和近兩年，就
成立了十一所人間大學分校，課程以佛學為主，各種才藝課
程為輔。在社區大學遍布全國及少子化時代衝擊下，佛教團
體的佛光山寺成立這麼多所社區大學，對佛教及社會教化功
能是否有所影響？

表2　一般社大與佛光山社大成立時間比較表

成立年份	社大成立數	佛光山社區大學
1998	5	
1999	10	
2000	10	
2001	12	
2002	12	
2003	9	1
2004	8	3
2005	4	1
2006	1	
2007	7	
2008	?	1
2009	?	2
2010	?	7
合計	88-90	15

肆、佛光山社區大學的弘法教育成效檢驗

　　從上述佛光山接引信眾和社會人士的各項文教活動創舉，不難看出自二〇〇三年起，佛光山在台灣北中南各區主動提供寺廟設備，成立社區大學和人間大學做為佛法教化工作的平台又是一項創舉，且將帶動台灣佛教成為另一波的現代弘法趨勢。此情況迥異於清末民初清廷的強收寺產興學。然而，佛教團體興辦社區大學的主要傳教度眾動機，與當前台灣政府的成人教育政策和環境，是否有互補作用？其教學成效和預期目標的達成率為何？卻有待檢驗。由於佛光山寺已立案的社區大學集中在台灣中部，本節透過佛光山中區總住持，即佛光山中區所有社區大學的實際負責人二〇〇九年九月十三日的結構性訪談，和佛光山人間大學總部所提供的各項有關統計數字，分為兩部分來分析探討：

一、佛光山社區大學與一般社區大學的比較

　　1.一九九八 年，台灣從成立了第一所社區大學－文山社區大學，開始了台灣成人教育的新紀元。社區大學的設立，落實教育改革的基本理念，以「解放知識，活化社區」為目的與宗旨。此宗旨最適合人間佛教的各式各樣的活動。

　　2.在知識解放的實踐面向上，社區大學在發展歷程中自我積累出對應於學院的地方學或台灣學的知識生產，且更具

有行動實踐力量。社區大學的發展與地方學蓬勃發展具有密切的關係。有助於人間佛教理念在台灣在地化的推動落實。

　　3.社大在台灣得到蓬勃發展，卻也面臨許多困惑。黃武雄教授表示，當初倡設社區大學的初衷之一，是希望民眾有機會接受學術教育，沒有想到「目前學術課程幾乎都無法存活了」。但是，有失必有得，社大在其他方面拓展了空間。如今，台灣各地社區大學的條件與關懷面各有不同：台北縣與基隆市社大關心河川議題，桃園新竹苗栗以客家文化為主，南部地區則開展志工社會議題。佛教團體所辦的社大正好可以開展出其佛教特色。

　　4.政府對立案的社區大學雖給予財力補助，但對於課程的內容卻有嚴格控管，只允許百分之十左右的佛學課程，導致佛光山社區大學在弘法課程上較不易發揮，只能在加強親切的互動等方面著手。從表1課程內容亦可發現三所人間大學的佛學相關課程多於社區大學。【32】

　　5.因不受限於政府單位的課程管制，佛光山人間大學於二〇〇九年初開始開辦短期的行政秘書學院、美學社福學苑和媒體傳播教育學院，以培育有志於從事行政秘書、社會服務、傳播媒體或美學教育之女青年。人間大學開課較有彈性有別於一般社區大學。

　　有政府支持補助及頒發證書的佛光山社區大學，在招生上有一定程度的幫助，但學員學習知識概論課程的意願不

【32】2009.9.13訪談人間大學教務長覺宣法師。

高，由於在職進修的學員比例相當高，較偏向休閒技藝的課程，不宜安排太多佛學課程。而未蒙政府補助的人間大學開設較多佛學課程，招收的學生以原為佛教徒或對佛學有興趣者居多。

二、佛光山社區大學的弘法教育成效

　　佛光山社區大學課程的內容雖受嚴格控管，無法開設太多佛學課程，但是本著人間佛教人間性、生活性、利他性、喜樂性、時代性、普濟性等六大特點和給人信心、給人歡喜、給人希望、給人服務等四大工作信條，以及累積幾年的辦學經驗，佛光山社區大學還是發揮相當大的弘法成效，如表3所示：

表3　佛光山社大總統計

項　目	總　數	備　註
總學生數	7951	（平均1325人，800~2000人不等）
總班級	390	（50-89班不等）
信徒與非信徒比例	3：7	
皈依人數	3000	
新增會員	510	

2009.9.13人間大學總部提供

由表3數字，佛光山社區大學七年來發揮的功能可歸納如下九點：

　　1.道場在地文教形象。

　　2.增加社會人士。

　　3.擴大信仰領域。

　　4.擴大佛光會員領域。

　　5.專業人士接引。

　　6.增加與公部門合作計劃。

　　7.推動社區教育。

　　8.與社會教育機構合作計劃。

　　9.與本山各大學招生合作。

三、佛光山社區大學未來展望

　　面對少子化時代的來臨，和虛擬世界的衝擊，佛光山設立社區大學以多元課程輔以佛學，接引各年齡層，令其安心立命。未來希望藉著更多人間大學分校的設立，提供更均衡的課程，開創更有意義的人生，茲條列佛光山社區大學未來的展望如下：

　　1.與人間衛視合作擴大媒體教學。

　　2.增闢遠距教學課程。

　　3.專業培訓計劃。

　　4.協助政府辦證照班。

　　5.擴大公益信託星雲大師教育基金會之獎勵。

　　（Power教師獎/星雲真善美新聞貢獻獎）

伍、結論

　　清末民初，為發展基礎教育，政府借移風易俗之名，將廟產徵為學校之用所掀起的「廟產興學運動」，卻促使佛教走上革新之途。近幾年來台灣的佛教界悄悄吹起了主動協助政府興辦社區大學的風氣，如佛光山寺、法鼓山和元亨寺等都在大都市設立類似社區大學的弘法教育機構，尤以佛光山寺為最，在台灣南北各地就設立了十四所社區大學。

　　台灣自一九九八年首創社區大學迄今十年，已有八十多所遍佈全台。在課程內容受制於政府相關單位，加上少子化時代的衝擊下，寺廟興辦的社區大學對佛教的傳播，從上述佛光山寺近十年來在臺灣中區、北區和南區，陸續成立的社區大學所發揮的以教育弘傳人間佛教的實例，相信其傳播佛教的成功模式，又將帶動二十一世紀佛教在臺灣另一波的現代弘法趨勢。

　　（2009年12月18-20日北京民族大學「第三屆兩岸四地全球化當代佛教學術研討會」論文集，頁67-76。）

參考書目

一、書籍

佛光山宗務委員會，《佛光山四十周年紀念特刊》，佛光出版社，
　　2008。

張曼濤編，《中國佛教史論集臺灣佛教篇》（現代佛教學術叢刊
　　80），臺北市：大乘文化出版社，1980。

二、論文

朱森村：〈公私部門協力關係之研究—台北市推動社區大學個案
　　分析〉，台北：國立政治大學公共行政學系1998年碩士論
　　文。

李欣翰，〈東南亞裔配偶識字教育志工參與服務之學習經驗研究—
　　以新竹市三所社區大學志工為例〉，嘉義縣：國立中正大
　　學成人及繼續教育所2006年碩士論文。

吳亞明，〈台灣社區大學走過十年成年人重新找到學習意義〉，
　　《人民日報》2008.1.23。

林作嘉，〈清末民初廟產興學之研究〉，台中市：東海大學歷史學
　　所1999年碩士論文。

徐心浦，〈社區大學成人教師教學困擾及其因應方式之研究〉，嘉
　　義縣：國立中正大學成人及繼續教育研究所2003年碩士論
　　文。

黃洲，〈雲林縣社區大學成人學習者學習風格與學習成效關係之研
　　究〉，嘉義縣：國立中正大學成人及繼續教育所2006年碩
　　士論文。

陳瓊如：〈我國社區大學的發展及其定位之研究〉，高雄市：國立
　　高雄師範大學成人教育研究所1998年碩士論文。

張曼濤編，《中國佛教史論集臺灣佛教篇》（現代佛教學術叢刊
　　80），台北市：大乘文化出版社，1980。

彭靜婷，〈教育系統設計之研究─以文山社區大學為例〉，高雄
　　市：國立高雄師範大學成人教育研究所1998年碩士論文。

賴玉霞，〈苗栗縣社區大學客家文化課程推動成效之研究〉，桃園
　　縣：國立中央大學客家政治經濟與政策研究所在職碩士專
　　班2007年碩士論文。

慧寬，〈佛教信眾教育探討─以佛光山在臺灣地區的信眾教育為
　　例〉，《第二屆世界佛教論壇文集》，2009。

蕭佳純，〈台南市社區大學需求評估之研究〉，台南市：國立成功
　　大學教育研究所1998年碩士論文。

魏銀河，〈台南市社區大學學員學習滿意度及其相關因素之研
　　究〉，嘉義縣：國立中正大學成人及繼續教育研究所2002
　　年碩士論文。

鍾貴文，〈佛光人間生活禪與社會教育-以福山寺為例〉，宜蘭
　　縣：佛光大學佛教學研究所2008年碩士論文。

金華廣播電視大學，〈關於成立金華社區大學必要性和可行性的研
　　究〉http：//www.jhtvu.net/DisplayNews.aspx

三、報章

吳亞明，〈臺灣社區大學走過十年成年人重新找到學習意義〉，
　　《人民日報》2008.1.23。

四、網站

大明社區大學網址：http：//sql.fgs.org.tw/homepage/fgsastw2j/

社區大學全國促進會網址：http：//www.napcu.org.tw/napcu/office/
　　sumanaly/indexsumanaly.html

台南人間大學網址：http：//dharma.fgs.org.tw/shrine/fgsastw35

光大社區大學網址：http：//bl.fgs.org.tw/guangda/

金華廣播電視大學：〈關於成立金華社區大學必要性和可行性的研
　　究〉http：//www.jhtvu.net/DisplayNews.aspx

高雄人間大學網址：http：//sql.fgs.org.tw/homepage/fgsastw2j/

新竹人間大學網址：http：//dharma.fgs.org.tw/shrine/fgsastw2f/

彰化市社區大學網址：http：// bl.fgs.org.tw/zhu/

博愛社區大學網址：http：//sql.fgs.org.tw/homepage/dalin

人間大學台北分校網址：http：//www.fgs.org.tw/tpevihara/

人間大學大覺分校網址：http：//dharma.fgs.org.tw/shrine/fgsastw2f/

人間大學高雄分校網址：http：//nanping@fgs.org.tw

人間大學鳳山分校網址：http：//fgsastw3b@fgs.org.tw

人間大學屏東分校網址：http：//fgsastw3c@ecp.fgs.org.tw

人間大學旗山分校網址：http：//fgsastw3e@ecp.fgs.org.tw

人間大學普賢分校網址：http：//fgsastw8u@fgs.org.tw

人間大學蘭陽分校網址：http：//fgsastw8w@fgs.org.tw

第五篇
佛光山教團
比丘尼領導力之養成研究

壹、緒論

在中國傳統思想中，男尊女卑的思想佔有主導地位，女性的地位一直從屬於男性。台灣佛教雖然在近二三十年女性地位有明顯的提升，但整個佛教界的社會體系，確實會使得女眾沒有跟男眾一樣有著同等的學習與發展條件。然而在台灣有德碩學的卓越比丘尼有傳授三壇大戒的妙然、圓融；建設寺院、創辦佛學院的如學；創辦華梵大學的曉雲；由台大教職退休的恒清、中興教書的慧嚴；日本駒澤大學博士達和；創立香光比丘尼教團的悟因；創立慈濟功德會的證嚴；護法衛教熱心的昭慧等，[1] 對佛教與社會都有非凡貢獻。

---

[1] 參閱星雲，〈比丘尼僧團的發展〉，《普門學報》，第九期，2002.5，頁242。

尤其是擁有上千位比丘尼的佛光山教團，能在不到半個世紀的時間內，非但擁有數百座散佈世界五大洲的道場，並藉由各種佛教相關事業弘化全球，淨化社會人心、促進世界和平。而推動這些弘法事業的主力，幾乎都是其門下的比丘尼，如為中國佛教開創出國際化道路，在世界各國創建寺院的慈莊；肩挑教育、文化大任，創辦西來、南華、佛光、南天等四所大學的慈惠；熱心慈善事業，擅長活動組織，負責國際佛光會推展委員會，在世界各國成立一百多個佛光協會的慈容；主編《佛光大辭典》的慈怡；授課于柏克萊大學的耶魯大學博士依法；臺灣師範大學博士依空；日本愛知大學博士依昱；英國倫敦牛津大學博士永有【2】；美國史丹佛大學數學博士有真及其他三、四十位畢業於世界各大學的博士等，目前分別任教台灣、香港、澳洲和美國高等學府，或者從事編藏工作，她們不只在世界各地深入當地社會，並深獲當地國家甚至聯合國的肯定頒予各種傑出婦女貢獻獎等。

　　研究台灣比丘尼的相關文獻，計有四篇學位論文、六篇期刊論文和兩篇報紙採訪稿。分別介紹如下：

一、學位論文

　　1.李雪萍《台灣的比丘尼僧團及其不同的生命經驗：一個社會學的個案研究》的撰述，乃鑑於學界/媒體的某些工

【2】參閱星雲，〈比丘尼僧團的發展〉，《普門學報》，第九期，2002.5，頁242。

作者，為了飯碗因素，對某些佛教僧團的豐功偉業，過度吹捧，而忽略某些師長使役徒弟，視戒律為個人玩物的事實；故以阿含寺內的幾位比丘尼/沙彌尼/學法女做個案探討，陳述某些僧團中師徒、共住者之間的權力、感情、經濟結構、意識型態監控、戒律實踐、複雜糾結的寺院生活。【3】

2.左寶珠《台灣天主教修女與佛教比丘尼》探討台灣天主教與佛教兩個宗教的形式與內容，比較修女與比丘尼的修道生活之異同？作者發現兩者看似相同的表象，其實卻大異其趣。雖然在某些層次上可以互相啟發、彼此共鳴，達到奉獻生命的完美境界。但是，基於上對神性的知不同，下及意識形態的價值觀，影響所及，很難一言蔽之。【4】

3.李翎毓《由台灣佛教比丘尼女權發展來看「廢除八敬法運動」》將「廢除八敬法運動」置於台灣比丘尼女權發展的脈絡下加以探討，先探討西方佛教與女權相關理論的研究，進而從中歸納出適用於檢視佛教女權發展的項度，將之應用於台灣佛教比丘尼女權發展的論析上，建構台灣比丘尼佛教女權發展的論述。本研究範圍，在對象上，以台灣比丘尼為論述中心，在時間上，從清末佛教傳入台灣後至2001年「廢除八敬法運動」，其間以台灣光復（1945年）及解除戒嚴（1987年）為區隔大致分為三個時期加以論述，輔以「資

【3】李雪萍，《台灣的比丘尼僧團及其不同的生命經驗：一個社會學的個案研究》，東海大學社會學研究所碩士論文，2000。

【4】左寶珠，《台灣天主教修女與佛教比丘尼》，輔大宗教研究所碩士論文，2003。

源分配」、「組織分工」、「意識形態」三個主要面向，來
檢視佛教與女權的關係，藉由探討台灣佛教發展各時期佛教
出家女性所處的情境，來說明台灣佛教比丘尼女權的發展脈
絡，並將「廢除八敬法運動」置於此一背景下進一步闡述
「廢除八敬法」的意義與影響。【5】

　　4.唐淑媛（釋見杰）《台灣佛教比丘尼生涯之錨的分析
研究》旨在探討台灣佛教比丘尼生涯之錨的類型及其內涵與
生涯行動。邀請九位台灣佛教比丘尼為研究參與者，發現台
灣佛教比丘尼的生涯之錨是由比丘尼對於自身天賦與能力、
態度與價值、體察與領悟、動機與需求的自我知覺，擬塑出
具有修道行持與利益眾生相互含攝的傾向，此傾向形成其生
涯的內在規準。【6】

二、期刊論文

　　1.陳美華〈另類典範：當代台灣比丘尼的社會實踐〉經
由對當代台灣比丘尼「另類典範」的理論化建構過程，走
訪香光、佛光、法鼓三教團以及其他數位比丘尼的田野訪談
資料和一些相關出版品，分別以「身份」、「形象」和「身
體」三個切點，來解釋、說明這些比丘尼們何以是「另類典

【5】 李翎毓，《由台灣佛教比丘尼女權發展來看「廢除八敬法運動」》，政大宗教研究
　　所碩士論文，2004。

【6】 唐淑媛（釋見杰），《台灣佛教比丘尼生涯之錨的分析研究》，高雄師範大學教育
　　學院輔導與諮商研究所碩士論文，2007。

範」。【7】

　　2.呂錫琛〈我眼中的台灣比丘尼〉在其應邀訪台過程中，觀察證實臺灣比丘尼素質高，在學術研究、社會慈善事業、佛教文化教育等方面多有建樹。【8】

　　3.江燦騰〈台灣佛教的比丘尼整體表現及其原委〉從宗教現象來看，台灣佛教比丘尼之多和彼等對當代台灣社會所產生的巨大影響力，乃是佛教史上罕見的宗教現象。台灣佛教界的事務，有百分之八十是由比丘尼負擔的；台灣比丘尼的專業水準，在佛教史上是罕見的；台灣比丘尼的事業之多元化及其影響力，在歷史上也是被肯定的。【9】

　　4.釋昭慧〈一個臺灣現代比丘尼的出家經驗〉為在佛教界真正有很大影響力的大師級人物，反而非常尊重女性。他們的起家，如果沒有女性這個因素的話，也幾乎不可能成就。作者個人行為上，對任何比丘都非常尊敬，都願意跟任何比丘頂禮。如果他跟我相處，他的某一方面的位階比我高，另一方面位階比我低，我寧願尊重他位階比我高的部分，而不願意用我位元階比較高的部分來對待他。我覺得這

【7】陳美華，〈另類典範：當代台灣比丘尼的社會實踐〉，《佛學研究中心學報》，第七期（2002.07），頁295-340。

【8】呂錫琛，〈我眼中的台灣比丘尼〉，《佛藏》第25期（2003.4）佛藏雜誌社。

【9】江燦騰，〈台灣佛教的比丘尼整體表現及其原委〉，《香光莊嚴》五十期86年6月20日。

是一個修道人應該有的謙遜心情。【10】

　　5.星雲〈比丘尼僧團的發展〉論文分為世界潮流的女性觀、佛教兩性教團的相處、歷代對佛教有貢獻的比丘尼、未來比丘尼努力的方向等四面向，探討比丘尼僧團由印度佛教經中國佛教到台灣佛教的發展，最後提出1.兩性平等化2.發展事業化3.教團組織化4.教育普及化四項未來比丘尼努力的方向。【11】

　　6.李玉珍〈比丘尼身分與寺院生活形態的改變〉引用梁湘潤《臺灣佛教史》在列舉戰後臺灣佛教的發展與轉變時，即舉出兩項非常有趣的指標：比丘尼開車和比丘尼經營佛教文物處。梁湘潤似乎為比丘尼應該是不食人間煙火，或者是遠離塵世的，但是當代比丘尼的活躍卻遠遠超過一般人的想像。在國際會議上，常見具有博士學位的臺灣比丘尼在臺上發表論文，而籌畫執行整個會議的比丘尼，則佩戴手機、麥克風，遙控整個會場的進行。以往人們常見瑟縮於市場一隅托缽的尼眾，以及車站牆角下，一櫥雜亂無章的善書，如今臺灣比丘尼則定期于國父紀念館舉行講經法會，手提電腦、傳真機、手機、書包，奔波於佛教出版社和校園之間的比丘尼更成為臺灣的街頭一景。和以往淒清的喪葬場地不同的，現在都市道場與證券公司與廣播電臺比鄰而居，提供上班族一個午間暫時休憩心靈、享受免費素食，下班後學佛、習

【10】釋昭慧，〈一個臺灣現代比丘尼的出家經驗〉，鳳凰佛教，2010-05-02。

【11】星雲，〈比丘尼僧團的發展〉，《普門學報》2005.5，第九期。

禪的方便。而穿梭其間的男女志工如眾星拱月，分擔許多雜務，使比丘尼專職儀式和修行指導等工作。臺灣比丘尼的能文能武，於臺灣民眾的宗教生活中，已經佔有一席之地。【12】

三、報章

　　1.釋昭慧〈談比丘尼的貢獻與「福報」深義〉是昭慧法師於「《人間福報》創刊兩週年作者聯誼會」的致詞，提到自古以來，比丘尼受到雙重壓迫：社會人士誤以為她們都是「感情受挫，逃塵避世」，佛門中的許多比丘，則因「八敬法」而自為地位超越比丘尼。然而台灣社會比丘尼的表現，卻顛覆了這兩項堅固的偏見。佛光山比丘尼質精量多，總體表現最是傑出，此中《人間福報》的編採發行，都由比丘尼無償擔綱。【13】

　　2.悟因法師—中評社台北5月29日電（記者陳耀桂/潘星薇）台灣香光尼僧團方丈、香光尼眾佛學院院長悟因法師日前在台北接受中國評論通訊社高層訪問團拜會與專訪。悟因法師為，應以開放的心，推動比丘尼教育，積極栽培人才，並服務社會。比丘尼只要有心，還是可以為佛教、為社會做

【12】李玉珍，〈比丘尼身分與寺院生活形態的改變〉，《佛教發展研究》〈比丘尼研究〉http://www.beihaichanyuan.org/fojiao/bqn/2010-05-02/2675.html

【13】釋昭慧，〈談比丘尼的貢獻與「福報」深義〉，《人間福報》，2002-5-25。《佛教弘誓電子報》第二十二期，九十一年六月一日。

事的。其中培養圖書館專業人才、開發佛教圖書館、圖書資訊中心等，為教界、社會服務，成為香光尼僧團一項新的佛教事業。【14】

　　上述探討比丘尼不同面向的各篇論文，對於台灣比丘尼的表現都是給予肯定的。這些比丘尼若非具備某些領導特質和能力是無法勝任如此重責大任的。而佛教所謂的領導力，應包含對外的領導以完成理想目標所發揮的影響力，和對內與自己關係的修行，內外體用並濟才是自利利他領導力的極致。

　　本研究只針對佛光山教團的比丘尼，探討其領導能力養成的內外要素和通則，也是上述諸文獻尚未觸及的面向。研究方法以質性研究的文獻觀察為主，參與觀察和深度訪談為輔。共分為四部分：第一部分緒論；第二部分討論領導力與管理的定義；第三部分論述台灣佛教的發展和演變；第四部分界定討論佛光山比丘尼領導力培養；和第五部分結論。希冀本論文的研究成果能做為佛教女眾自我提昇培養領導力的參考。

【14】中國評論新聞網 www.ChinaReviewNews.com 2010年12月12日星期日。
http://zhaojun.net/doc/1009/7/6/7/100976729.html?coluid=118&kindid=5673&docid
　　=100976729&mdate=0118150432

貳、領導力與管理

　　女性領導者需要豐富知識與專業知能，同儕的支持與
同，宏觀的國際視野與面對困難挑戰時堅強的勇氣等領導
力。提到領導力，就要先瞭解管理。

一、管理五功能要素（functions）

　　依據Peter Drucker管理理論：管理可被定義為一連串針
對組織資源（人力的、財務的、實體的、資訊的）的活動
（包含規劃、決策、組織、領導和控制等五要素），以「有
效率且有效用的方式達成組織目標」為目的。此管理五要素
略說明如下：

　　1.規劃（Planning）：界定目標、釐清計劃、擬定策
略、整合活動。

　　2.決策（Organizing）：聯合各部門、任務分配、決策
者和呈報機制。

　　3.組織（Staffing）：人事調配和訓練。

　　4.領導Directing（Leading）：領導協商、激勵員工、帶
領團隊達成目標、發覺人才、解決困難及員工衝突。

　　5.控制（Controlling）：評估計劃和經驗比較成效和創
造效益。【15】

【15】Peter F. Drucker, *Managing the Non-Profit Organization: Principles and Practice,* NY：Harper Collins Publishers, 1990, pp.145-193.

可見所謂管理，是指組織中的管理者，通過實施計劃、組織、人員配備、領導、控制等職能來協調他人的活動，是他人同自己一起實現既定目標的活動過程。然而在邁入21世紀，由於資訊時代的急遽變化，管理學將面臨更多的課題，領導者亦將面對因應的考驗，如：

1.組織的資源由以勞動力、土地、資本為主向轉以知識與資訊為主。

2.組織的成員由經濟人向社會人（自我實現的人）。

3.組織內外環境的快速變化。

4.21世紀人們的倫理將發生全新的變化。人的心智模式和思維方式發生變化之後，作為管理者的價值觀念、思維方式等都將發生不可預知的變化。

5.資訊爆炸將導致資訊搜索的困難。

6.組織將在更大的範圍內謀求整體而不是局部的利益。

7.組織和人類的可持續發展的道理。（資源枯竭、生態環境惡化、物種減少、氣候反常等）

8.組織內部由分工走向綜合。

二、領導力的定義

領導的意涵是什麼，我國最早以領袖將領導引伸為引導之意，《偉氏大辭典》則解釋為獲得他人信仰、尊敬、忠誠及合作之行為。《社會學辭典》則為領導者係以聲望、影響力、或地位啟發社會行為、組織和控制社會行為之人。其實

領導是一個極為複雜的概念。羅虞村為領導之本質可以將其定義為：

- 領導是一種人格或人格之效應
- 領導是指引團體的溝通行為
- 領導是協調、說服和影響力的發揮
- 領導是問題解決的能力
- 領導能力是企畫力
- 領導是一種創意的執行力表現【16】

　　領導力是管理五要件功能之一，亦是團隊成功的最重要能力。不管是士、農、工、商無不需要這個能力。領導才能是當前時代的重要核心能力，是資優者重要的能力指標之一。美國企業用人即非常注意領導能力（leadership）。這裏所談的領導力，並非一般印象中的「做領袖」的那種領導力，而是如何得體的表達發揮，如怎麼營造一個互相信任的文化氛圍，如何將敏捷開發團隊的能力發揮到極至等。領導力和內部溝通存在因果關係，領導能力是實現有效溝通的基礎。業務人員、基層經理、中層領導、高層領導的領導能力是保障工作高效性的關鍵條件。

三、領導者的特質

　　基於上述管理理論與領導力的定義，具有責任心、積

【16】羅虞村，《領導理論研究》，台北：景文出版，1989。

極心、親和力、創造力、思考力、榮譽感、幽默感、犧牲自我、犧牲享受、享受犧牲、以有限之資源、行無限之創造等，可視為現代領導者共通的基本特質。此外，以身作則、有效溝通、公開讚賞、主動指導、專業知識、回饋感恩、公私分明等則是領導者行事守則，如此才能吸引人才、培養人才、善用人才、提攜人才、留住人才。

佛教團體乃非營利的師徒和僧信關係，以義工或志工為主要工作群，目標在弘揚佛法、成就道業。故其領導者除需具備上述一般的領導能力與特質外，尚需是位精神的導師，其屬性與一般事業團體以營利為主要訴求不同。近世紀佛教團體的成員以女性居多，對佛教的發展也扮演相當比重的角色。本論文針對台灣最大佛教團體佛光山教團的比丘尼的領導力之養成做探討，以瞭解這些比丘尼成功的領導力是如何養成？

參、臺灣佛教比丘尼的發展

佛教傳入台灣的確實年代雖不能確，但是在永曆十五年（1661）十二月鄭成功驅逐荷蘭人之後，福建省泉州、漳州、福州及廣東省惠州、潮州兩地人民大量移居台灣，閩粵一帶的佛教也隨之傳入。

一、三個發展時期

迄今，在台灣有14740教堂寺廟，其中11748所屬佛道教寺廟。根據吳永猛《當金台灣道廟燈錢的探討》，台灣佛寺發展從經濟角度來看，可分為三個時期：【17】

1.明清時期（1624～1895年）：主要信仰以儒釋道和傳統信仰。晚清出現的少許佛寺以自耕農為生。

2.日據時期（1895～1945年）：所有本土寺廟亦以自耕農為生，日本和尚來台只做弘法工作。

3.中華民國時期（1945～目前）：可再細分為四個如下時期：

（1）農業復興期　（1945-1952年）

（2）農工開發期　（1953-1963年）

（3）工商延伸期　（1963-1973年）

（4）工商轉化期　（1974-1994年）

在工商延伸期的前二十年，一批中國大陸年輕僧侶來到台灣，抵台早期亦以為往生者做佛事謀生。在此之前極少僧人，主要以女性齋姑為主，地位低下。佛光山創辦人星雲法師亦於此時來台，見到比丘尼們一輩子在寺院裡清理掃灑，在家女性也總是躲在道場的廚房裡燒煮炊爨，心中頗不以為然，便開始訓練佛教婦女們從事各種佛教事業，發覺女眾具有耐煩細心的特質，做起事來絲毫不讓鬚眉。所以，初建佛光山時，他就喊出「四眾共有，僧信平等」的口號，設立佛學院，讓有心學佛的男、女二眾都能入學就讀，訂立規章制

【17】吳永猛，《當金台灣道廟燈錢的探討》，國立空中大學商學學報第三期，頁1-16。

度，讓比丘、比丘尼們都享有同等的權利義務，讓在家、出家的弟子們都有加入僧團，參與寺務的機會。[18]也因此造成星雲大師領導的佛光山，尼眾向來高達82%以上，而且擔任要職。

二、佛光山寺簡介

佛光山位於台灣省高雄縣大樹鄉，民國五十六年（1967年）為星雲大師所創辦，為台灣最大的佛教寺院和世界公的佛教聖地。佛光山四大宗旨：以文化弘揚佛法、以教育培養人才、以慈善福利社會、以共修淨化人心。佛光山的道風著力在「給人信心、給人歡喜、給人希望、給人方便」之菩薩行，並以建立人間淨土為目的。目前海內外別分院約有三百餘所，同時，孕育了超過1300名的出家眾，比丘尼占有九成，位居要職，對佛光山四十年來全球化的發展貢獻非凡，更受社會大眾、世界各國甚至聯合國等的肯定。其因源於，

（一）創辦人高瞻遠矚

佛光山比丘尼領導能力的養成應歸功於創辦人星雲大師一直以來特別強調的下列四項：

1.提倡人權（Human rights）：

人類由壓抑的過去–崇尚自然神力和專制權威——進入民

【18】星雲，〈比丘尼僧團的發展〉，《普門學報》，第九期，2002.5，頁234。

權時代。強調人性生存、民主、平等、自由、擁有和文化受到保護的權力。佛教弘揚生命權、推廣眾生不受傷害權、因此，對保護和服務眾生的關懷就是維護生存權的體現。【19】

2.提昇女權（Women's rights）：

（1）佛性無男女。（2）女性有權參政及關心社會公共事務。（3）女性有權開發女性慈悲勤憫特質。（4）女性有權維護尊嚴，拒絕侮辱尊嚴的工作。【20】

3.改革教育（Educational reform）：

教育首要是目標，其次才是教學技巧。佛陀的教育理念是藉解行並重的全人教育和培養理性處事的能力。因此，善巧方便是培養各樣才能的要素。所以生活重於知識、道德重於物質、利他重於自利、自覺重於他力。【21】

基於上述三項，佛光山佛教學院女眾學部招收35歲以下，有心投入人間佛教菩薩道修持的未婚女性，施以四年佛學院解行並重課程，輔以實務實習教育，依個人專長特質培育。佛學院畢業可再進入社會教育學校就讀，以培養更多各式各樣專業人才。

4.信任開放（Open and trust）：

由於星雲大師的高瞻遠見和努力不懈，陸續接引了許多優婆夷剃度為比丘尼，迄今已超過千位。其實早在佛

【19】星雲，《佛光學》*Fo Guang Study*，頁325。

【20】同上註。

【21】同上註，頁326。

陀時代，佛陀即已制定極為精緻的管理制度以領導跟隨
他的七眾弟子。主要原則為民主平等、分層領導、尊重
和諧、溝通互助。佛光山追隨佛陀管理精神，強調自覺
（self-awareness）、自發（self-commitment）、自動（self-
monitoring）、自律（self-discipline）等符合道德與六和敬的
原則【22】，以建立一個強大健全住持正法的僧團。

　　佛光山的每位比丘尼不管受過多少社會學校教育，都
要接受佛教學院四年不等的基礎教育，同佛光山如前所述四
大宗旨和宗風，接受其四大理念：1、光榮歸於佛陀。2、成
就歸於大眾。3、利益歸於常住。4、功德歸於檀那。和八大
宗風：1、八宗兼弘，僧信共有。2、集體創作，尊重包容。
3、學行弘修，民主行事。4、六和教團，四眾平等。5、政
教世法，和而不流。6、傳統現代，相互融和。7、國際交
流，同體共生。8、人間佛教，佛光淨土。因此在未來從事
佛教事業的推動上，易培養共識並取得默契，以發揮團隊精
神和力量。

　　因才適用、信任因果、給予空間、充分授權是佛光山寺
管理和領導的特色，以致能不斷吸引更多僧信二眾的投入，
培養深具領導能力遍及各個領域的比丘尼，將人間佛教傳播
至世界五大洲。從一九八一至二〇〇八年二十年間，佛光山

【22】Hsing Yun, *A Buddhist Approach to Management,* trans. Otto Chang,）
　　（Hacienda Heights, CA: Buddha's Light International Association, 2001），
　　p.9.

就有六十人次的比丘尼獲聯合國、澳洲政府、美國聯邦、台
灣政府各部門及多種世界民間組織頒授各種傑出貢獻獎。

（二）制度建全

　　另外，由於佛光山建全的組織制度，讓門下比丘尼都能
獲得保障，毫無後顧之憂，因此不但能多方地養成學習外，
而且能在其擔負的職務上全力以赴。簡介其組織架構與人事
制定如下：

　　1.組織： 設宗務委員會，為最高機構，其宗長即總本山
之住持，下設都監院、中國佛教研究院、佛光山文教基金
會、長老院、傳燈會。

　　（1）都監院：包括有寺務、典制、人事、財務、信
眾、弘法、教育、文化、慈善、福利等十監院，普門寺、普
賢寺、西來寺等三別院，二十三個分院—雷音寺、福山寺、
圓福寺、慧慈寺、海天佛剎、極樂寺、福國寺、無量壽圖書
館、佛香精舍、白塔寺、壽山寺、圓明寺、夏威夷佛教文教
協會、三藩市佛教文教協會、聖地牙哥佛教會（西方寺）、
關島佛教會、舊金山三寶寺（美國文化協會）、北海道場、
信願寺、明崇寺、佛寶寺、大覺寺、大慈庵，及會議、書記
室。

　　（2）中國佛教研究院：包括有國際學部—分設梵藏語
文、英文佛學、日文佛學等專修班，男眾學部—分設專修
科、先修科、沙彌學園，女眾學部—分設本山專修科、臺北

女子佛學院、東方佛教學院、福山佛學院、尼眾學園，研究
學部─分設僧伽教育、義理儀制、弘法教化、法務行政、佛
教藝術等研究班及專業講習會。

（3）佛光山文教基金會：包括有佛教學術會議組、委
託資助研究組、僧伽道學研究組、弘法訪問講學組、書刊專
著出版組及教育事業獎助組。

（4）長老院。

（5）傳燈會。

2.人事：佛光山寺係七眾弟子之道場，依其組織章程規
定，凡該寺派下徒眾，不論比丘、比丘尼、優婆塞、優婆夷
等，得依戒臘年資、學歷等序列等級。其階位等級名稱如
下：

（1）清淨士，共六級，每級一年。

（2）學士，共六級，每級三年。

（3）修士，共三級，每級四年。

（4）開士，共三級，每級五年。

（5）大師。

此人事制度之制定，係星雲大師依據菩薩道五十一階
位，即十信、十住、十行、十回向、十地等，糅和現代人事
行政等級而產生者。其階位等級之晉升核定標準，需依學
業、事業、道業等，為主要考核根據，如經論研究報告、著
作、學歷晉升、演講技巧、弘法度眾、發心寺務、法務、修
道精進等。

（三）多元事業

　　佛光山依四大宗旨設立了相當多元的教育、文化、慈善和共修事業和活動，其中特別強調以教育及服務來弘法。數十年來創立了大學、佛教學院、圖書館、出版社、翻譯中心、藝文中心、茶館，並且也積極推動行動式的義診。也創辦了育幼院、老人之家、高級中學，報紙以及電視台。加上三年輪調制，讓佛光山比丘尼眾能多元學習，以助各領域領導力的養成和整合跨領域資源能力的培養。

肆、佛光山寺比丘尼領導力養成

　　上面已略述領導者的共通特質，但在筆者近三十年的實地參與觀察，並帶著研究生針對佛光山三位主要單位服務超過四十年的比丘尼領導者做深度訪談後，這些共通特質是無法完全說明她們的領導特質。筆者為用Maxwell更詳盡的21個領導者特質來描述推動人間佛教、行菩薩道的她們，會更加貼切。

一、佛光山寺比丘尼領導者的特質

　　茲摘錄Maxwell《領導贏家：領導力21法則》對領導者提出21個重要特質如下：

　　1.品格：領導力的基石。

2.個人魅力：第一印象就能影響大局。

3.委身：夢想者與實踐者的分野。

4.溝通：少了它，你只能踽踽獨行。

5.幹練：你若練就它，人們就願跟隨你。

6.勇氣：一人果敢，也能勝過多數。

7.明辨：謎團無一不能解。

8.專注：焦點愈清楚，你愈不模糊。

9.慷慨：你的蠟燭若能點燃別支，就永遠燃燒不盡。

10.主動：如果沒帶著它，寧願不出門。

11.聆聽：要得人心，請用雙耳。

12.熱情：僅此一生，熱誠發揮。

13.樂觀：如果相信自己辦得到，就辦得到。

14.解決難題：你不能讓你的問題難倒你。

15.人際關係：如果你易於相處，人們就願跟隨你。

16.責任感：如果不帶著球，就無法帶領球隊。

17.安全感：再能幹的人，也少不了它。

18.自律：領導之前，先學自律。

19.僕人胸襟：欲站人前，先居人後。

20.受教：領導到老，學習到老。

21.目標：你看得到，才抓得到。【23】

【23】約翰・麥斯威爾（John C. Maxwell），徐顯光譯，《領導贏家：領導力21法則》，基石出版社，2002，頁75-78。

二、與一般領導者比較

筆者2009年帶著研究生針對佛光山教育、信眾和佛光會三個主要單位的比丘尼領導者做深度訪談後，發現她們有下列七項特質超越一般領導者：

1. 不求名聞利養
2. 取得共識
3. 上下之間以給而非得
4. 非居上位，只是團隊之一
5. 非指定接班人，由大眾選舉公推
7. 佛法內化和落實

這兩節已探討了佛光山寺比丘尼領導力養成的相關問題，未來佛光山寺比丘尼為延續長養這些領導力，所應努力的方向為何？謹摘錄星雲大師在其〈比丘尼僧團的發展〉一文中提供的四點意見如下：

1.兩性平等化：未來比丘尼希望獲得敬重，應該從本身道德人格的提升做起。例如：舍虛榮，去驕慢；有德學，能擔當；能講說，具慈悲；有大願，能力行。具足了以上四點，自然「兩性平等化」。

2.發展事業化：過去女眾總是把心智、力量用在建寺、供養之上，現在的比丘尼要走出寺院，要跟男眾一樣，走上弘法、教書之路，為佛教創辦各種弘法事業，例如教育、文化、慈善等。所謂「發展事業化」，擁有自己的事業，自然受人尊敬。

3.**教團組織化：**當兩眾教團能夠互尊互重，自然組織健全；有了組織，自然就有力量。在佛光山的教團，每年都要依學業、事業、道業等學習進步的情形，做序列等級的評鑒，從清淨士、學士、修士、開士等序級的晉升，都有一定的標準、程式，所以兩序大眾在此有制度、有組織的領導下，自然和合無諍。

4.**教育普及化：**女眾比較細心、慈悲，在佛門修行比較容易有成就，但女眾的胸襟、思想、智慧，則略遜男眾，有待普及教育，讓每個女眾都能受教育，都能講說、著作，而不是靠少部份的人硬撐場面。因此，「教育普及化」是未來女眾僧團努力的重要課題。【24】

伍、結論

成功的領導人是能力、熱情、智慧的總體智慧運用和諧呈現。宗教團體是非營利事業團體，如果想在21世紀進入非營利事業成為專業人，必須具備這些基本管理技術：使命、規劃、活動、行政、募款、義工、財務、行銷、倡導、遊說、會議、人力資源、溝通、董事會、評判、法律、策略、公共關係、教育訓練，還要扮演好對組織內外僧信義工的精神導師（IQ, EQ, AQ）。身為宗教團體非營利事業領導者的

【24】星雲，〈比丘尼僧團的發展〉，《普門學報》，第九期，2005.5，頁244。

責任比一般營利事業更加艱鉅，除了上述十八般武藝外，如何對外吸收信眾、培訓義工，使其亦能本著自覺、自發、自動、自律投入團隊中，對己還要能將佛法不斷的內化與落實，藉假以修真達到般若波羅蜜的境界。佛光山教團基於四大宗旨、四大理念、四大工作信條，健全的組織制度（評鑑、進修、講習、輪調；學業、道業、事業；安親、健保、養老等無後顧之憂）、多元的教育文化慈善弘法相關事業；創辦人的高瞻遠囑、寬宏胸襟，提倡女權、重視教育、因材適用、授權信任、給予空間等；彼此之間的資源共用、經驗分享、互相支援、集體創作等，因此造就了相當多具領導能力的比丘尼，遍佈世界各地默默地發心奉獻，弘法護教，利益眾生、貢獻社會。

（本論文發表於2009年12月28-2010年1月3日越南胡志明市第11屆Sakyadhita國際佛教善女人大會「傑出的女性修行者與典範」研討會論文集，頁249-255。）

參考書目

一、書籍

江燦騰，《台灣當代佛教》，台北：南天書局，1997。

星雲，《佛光學》*Fo Guang Study*, 佛光山宗務委員會，1999。

約翰・麥斯威爾（John C. Maxwell），徐顯光譯，《領導贏家：領導力21法則》，基石出版社，2002。

羅虞村，《領導理論研究》，台北：景文出版，1989。

Hsing Yun, *A Buddhist Approach to Management,* trans. Otto Chang, （Hacienda Heights, CA: Buddha's Light International Association, 2001）.

Peter F. Drucker, *Managing the Non-Profit Organization,: Principles and Practices,* NY：Harper Collins Publishers, 1990.

二、學位論文

左寶珠，《台灣天主教修女與佛教比丘尼》，輔大宗研所碩士論文，2003。

李雪萍，《台灣的比丘尼僧團及其不同的生命經驗：一個社會學的個案研究》，東海大學社會學研究所碩士論文，2000。

李翎毓，《由台灣佛教比丘尼女權發展來看「廢除八敬法運動」》，政大宗研所碩士論文，2004。

唐淑媛（釋見杰），《台灣佛教比丘尼生涯之錨的分析研究》，高雄師範大學教育學院輔導與諮商研究所碩士論文，2007。

三、期刊論文

江燦騰，〈台灣佛教的比丘尼整體表現及其原委〉，《香光莊嚴》五十期，86年6月20日。

呂錫琛，〈我眼中的台灣比丘尼〉，《佛藏》第25期（2003.4 ）
　　，佛藏雜誌社。

吳永猛，《當金台灣道廟燈錢的探討》，國立空中大學商學學報第
　　三期。

李玉珍，〈比丘尼身分與寺院生活形態的改變〉，《佛教發展研
　　究》〈比丘尼研究〉http://www.beihaichanyuan.org/fojiao/
　　bqn/2010-05-02/2675.html

星雲，〈比丘尼僧團的發展〉，《普門學報》，第九期，2005.5。

陳美華，〈另類典範：當代台灣比丘尼的社會實踐〉，《佛學研究
　　中心學報》，第七期（2002.07），頁295-340。

釋昭慧，〈一個臺灣現代比丘尼的出家經驗〉，鳳凰佛教，2010-
　　05-02。

三、報章

釋昭慧，〈談比丘尼的貢獻與「福報」深義〉，《人間福報》，
　　2002-5-25 。

釋昭慧，〈談比丘尼的貢獻與「福報」深義〉，《佛教弘誓電子
　　報》九十一年六月一日，第二十二期。

中國評論新聞網www. ChinaReviewNews.com 2010年12月12日星期
　　日。

http://zhaojun.net/doc/1009/7/6/7/100976729.html?coluid=118&kindid=
　　5673&docid=100976729&mdate=0118150432

第六篇
佛教譬喻的現代詮釋與運用
—以《佛說鹹水喻經》爲例

壹、緒論

「譬喻」（metaphor/simile）略稱「譬」或「喻」，我國修辭學宗師黃慶萱，將譬喻法分為「明喻、暗喻、借喻、略喻」四大類，以「喻體、喻詞、喻依」[1]間的關係和呈現方式為分類標準。自古以來即被人類廣泛使用，無論是散文、小說或是詩，「譬喻」的修辭技巧在文學創作上運用得多且廣。中國先秦時期，孟子擅於以譬喻說理，將抽象的道

---

[1] 黃慶萱《修辭學》將譬喻的成分分作三部分：喻體—所要說明的事物主體。喻依—用來比方說明此一主體的另一事物。喻詞—聯接喻體和喻依語詞。像、好像、就像、竟像、真像、如、有如、就如、恍如、真如、似、一似、好似、恰似、若、有若、有類、有同、彷彿、好比、猶、猶之……等。

理，或是將難以言說之事物，借由熟悉或是淺近之物，以此喻彼，讓聽者明白，以闡明所表達之事物。從先秦以來，譬喻法即廣用於文學創作，且日益推陳出新，曲盡聯想之奇崛和文藻之變化。

　　一般使用譬喻，是為使人易於理解教說之意義內容，而使用實例或寓言等加以說明之。因此，為有效達到教化的目的，被採用做譬喻的實例或寓言，在使用的當時，使用者應該有考量到當時的人、事、時、地等因緣的相應。如今事過境遷，各種人、事、時、地等因緣條件都不同了，「譬喻」的功能還存在嗎？即使存在，還能夠達到和譬喻產生的當時一樣的功效嗎？

　　在佛教─「譬喻」是佛陀使用的九種或十二種說法方式之一。在大藏經中，就有不計其數的譬喻。少數幾部經結集了相當數量的譬喻，故總的以譬喻為名，如《五陰譬喻經》、《雜譬喻經》、《法句譬喻經》和《佛說譬喻經》等；[2] 有些經題就直接以譬喻立名，如本論文所探討的《佛說鹹水喻經》；有些經的譬喻，只出現在經文中，例如《大方廣佛華嚴經》中，就有一百二十八則菩提心的譬

[2] 後漢・安世高譯，《五陰譬喻經》，《大正藏》冊2，no.105，頁501上；後漢・支婁迦讖譯，《雜譬喻經》，《大正藏》冊4，no.204，頁499中；西晉・法炬共法立譯，《法句譬喻經》，《大正藏》冊4，no.211，頁575中；唐・義淨譯，《佛說譬喻經》，《大正藏》冊4，no.217，頁801中。

喻。[3] 佛陀入滅後，在印度小乘十八部中之經量部，其本師鳩摩邏多嘗造喻鬘論廣說譬喻，世稱譬喻師，其傳承之部派則稱譬喻部。

研究譬喻的相關書籍，始於由語言學大師雷可夫（George Lakoff）與哲學大師詹生（Mark Johnson）合著的《我們賴以生存的譬喻》（*Metaphors We Live By*），該書突破傳統的譬喻論述觀點，為譬喻思維並非詩學的專利，也存在於時間、事件、因果、情感、道德以及事業等通俗平凡的概念之中。我們的思維活動依存譬喻，譬喻思維便與我們如何生存息息相關。[4] 探討佛教譬喻的書籍，如郭良的《佛教譬喻經文學》一文，對佛藏（特別是巴利文三藏）中的譬喻經一類作品，作了總體的文學價值描述。[5] 丁敏的《佛教譬喻文學研究》，是第一部以譬喻文學這一種佛教文學體裁為研究對象的專著。[6] 不過，該書僅僅研究現存的漢譯佛經中的譬喻文學作品，而沒有涉及梵文、巴利文的相關作

---

[3] 東晉・佛陀跋陀羅譯，《大正藏》冊9，no. 278。Yung Dong, *The Origin of Bodhicitta and Its Development in Chinese Buddhism*, p. 202 UWest Dissertation 2005.

[4] 雷可夫與詹生合著，《我們賴以生存的譬喻》，周世箴，當代譬喻理論：Lakoff and Johnson (1980)《我們賴以生存的譬喻》。

[5] 郭良，《佛教譬喻經文學》，《南亞研究》第2期 (1989年)，頁62-66、73。

[6] 丁敏，《佛教譬喻文學研究》，中華佛學研究所論叢8。陳明書評，載《世界宗教研究》2001年增刊，頁154-156。其修改稿載北京大學東方文學研究中心編《東方文學研究通訊》，第1期 (2002年)，頁57-59。

品，更沒有注意到在西域出土的梵語文書中也有數量不等的
「譬喻」類文獻資料。朱慶之《佛典與中古漢語詞彙研究》
探討佛教詞語的構造，為現代漢語、外來語的吸收樹立了樣
板；因翻譯佛經、著述佛典而產生的佛教詞語，充實了漢語
詞彙的家族。【7】

　　有關譬喻的論文則有數位學者做過系列的研究，如梁麗
玲的《〈雜寶藏經〉及其故事研究》，針對該經一百二十一
則故事，做一全面性的整理研究，以顯現佛教文學的璀燦，
是從事佛教文學研究很有價值的參考。【8】《〈賢愚經〉研
究》，則以《賢愚經》六十九則故事為依據，從敘述主題、
思想內涵、修辭技巧等方面，進行全面的整理與剖析。【9】
「《賢愚經》及其相關問題研究」，就該經的故事做分析與
經文內容比對。【10】〈《撰集百緣經・餓鬼品》研究〉探討
該經〈餓鬼品〉的內容。【11】和「《出曜經》的動物譬喻」
以研究經中有關動物的譬喻。【12】另有梁曉虹的〈佛典的譬

【7】朱慶之，《佛典與中古漢語詞彙研究》。

【8】梁麗玲，《〈雜寶藏經〉及其故事研究》。

【9】梁麗玲，《〈賢愚經〉研究》，頁610。

【10】梁麗玲，《〈賢愚經〉及其相關問題研究》，國立中正大學博士論文，民國90年5
　　月，頁587。

【11】梁麗玲，〈《撰集百緣經・餓鬼品》研究〉，頁307-327。

【12】梁麗玲，〈《出曜經》的動物譬喻〉，潘重規教授百年誕辰紀念學術研討會論文
　　集，潘重規教授百年誕辰紀念學術研討會籌備會、國立臺灣師範大學國文學系，
　　民國95年3月，頁427-456。

喻〉、【13】《佛教詞語的構造與漢語詞匯的發展》從十二
分教的佛經分類方式，將本經的故事內容依本生、因緣、
譬喻等不同的類型加以區分，並探討其不同的故事結構形
式、【14】〈佛經譬喻造詞之特色〉，旨在探討佛經譬喻的語
文造詞的特色、【15】其出現在《佛教與漢語詞彙》中的〈從
語言上判定《舊雜譬喻經》非康僧會所譯〉亦然。【16】顏洽
茂《佛教語言闡釋：中古佛經詞匯研究》，對譬喻等詞義
的研究。【17】丁敏〈譬喻佛典之研究——撰集百緣經、賢愚
經、雜寶藏經、大莊嚴論經〉，旨在探討這四部經中譬喻的
形式和內容。【18】林韻婷〈雜阿含經譬喻故事研究〉，以譬
喻故事的角度，將《雜阿含經》的法義如何與現實生活融合
作一整理、呈現。【19】雖然上列諸多書籍論文均圍繞著譬喻

【13】梁曉虹，〈佛典的譬喻〉，《文化知識》1993，1月號。

【14】梁曉虹，《佛教詞語的構造與漢語詞匯的發展》，北京：北京大學語言學院出版
　　社，1994。

【15】梁曉虹，〈佛經譬喻造詞之特色〉，語文建設通訊，第33期（1991年7月），頁11-
　　16。

【16】梁曉虹，〈從語言上判定《舊雜譬喻經》非康僧會所譯〉，《佛教與漢語詞彙》，頁
　　133-147。

【17】顏洽茂，《佛教語言闡釋：中古佛經詞匯研究》，《中國佛教學術論典64》，頁
　　1-326。

【18】丁敏，〈譬喻佛典之研究——撰集百緣經、賢愚經、雜寶藏經、大莊嚴論經〉。
　　《中華佛學學報》，第4期（1991年），頁75-120。

【19】林韻婷，〈雜阿含經譬喻故事研究〉，玄奘大學宗教學系碩士論文，94年。

做研究，卻未涉及譬喻的現代詮釋研究，這正是本論文欲藉著《佛說鹹水喻經》來探討的主題。

　　本論文主要探討佛教譬喻的現代詮釋和運用，在未進入主題前，有必要對佛教的譬喻做個介紹。

貳、佛教的譬喻

　　佛教的譬喻，係由印度通俗文學中尋求主題，再穿插佛教教理，以教化民眾為目的之佛教文學。其梵語有四，即：upamā, drstānta, udāharana, avadāna。四者之間有所差異，upamā為類推、比較之意，表示比較、相似、同一，如《法華經》中之火宅喻、藥草喻等譬喻故事；drstānta與udāharana均為因明用語，係論述某一教說之後，作為實際例證之陳述語；avadāna 為九部經或十二部經之一，音譯阿波陀那，在形式上與「本生譚」相同，廣義言之，包含佛傳文學、讚佛文學、因緣故事等。其梵文本代表經典有《譬喻百頌詩集》（梵 Avadānaśataka）【20】、《天業譬喻》（梵 Divyāvadāna）、《菩薩本生鬘論》（梵 Jātaka-mālā）【21】

【20】吳·支謙譯，《撰集百緣經》，《大正藏》冊4，no.200，頁203上-256下。

【21】《菩薩本生鬘論》作者不詳，或謂聖勇（梵Arya-aura）所作。共集錄35種本生故事並解釋其法義之梵文佛典。有北宋紹德、慧詢等共譯之漢譯本，譯名菩薩本生鬘論，共十六卷，內容與梵本頗有出入。另有西藏譯本，亦署名聖勇造。《大正藏》冊3，no.160，頁331下-385下。

等，其漢譯本尚有《六度集經》、《菩薩本緣經》、《撰集百緣經》、《大莊嚴論經》、《賢愚經》、《雜寶藏經》、《百喻經》等。【22】有關佛教譬喻的方式和種類略述如下，

一、佛教譬喻的方式

因為釋尊說法，巧用譬喻，大小乘諸經論多處舉示譬喻以說明教法要旨。一般而言，譬喻大多舉示現今之事實，然亦間有舉示假設之例證。如以滿月比喻某人之容光煥發，以眼前之小物推比大物，或以粗境粗法喻顯細境細法，或準照部分（或全體）之類似點加以類推、譬喻。

據北本《大般涅槃經》（Mahāparinirvānasūtra）卷二十九〈師子吼菩薩品〉載，依譬喻方式之不同，可分為八種，即：1、順喻，依事物生起之順序所作之譬喻。2、逆喻，逆於事物生起之順序所作之譬喻。3、現喻，以當前之事實所作之譬喻。4、非喻，以假設之事件所作之譬喻。5、先喻，於比喻之事項前所說之譬喻；即先說譬喻，後舉所欲喻顯之教法。6、後喻，於比喻之事項後所說之譬喻；即先

【22】 七部經分別為吳・康僧會譯，《六度集經》，《大正藏》冊3，no.152；吳・支謙譯，《菩薩本緣經》，《大正藏》冊3，no.153；吳・支謙譯，《撰集百緣經》，《大正藏》冊4，no.200；馬鳴菩造，後秦・鳩摩羅什譯，《大莊嚴論經》，《大正藏》冊4，no.201；元魏・慧覺等譯，《賢愚經》，《大正藏》冊4，no.202；元魏・吉迦夜共曇曜譯，《雜寶藏經》，《大正藏》冊4，no.203；和僧伽斯那撰，蕭齊・求那毘地譯，《百喻經》，《大正藏》冊4，no.209。參閱《佛光大辭典》頁6809上中。

說教法，後舉譬喻。7、先後喻，先後所說之譬喻；即於闡說教法之前後均作譬喻以彰顯並逐一說明教法，如以植物為喻，逐一說其萌芽乃至開花、結果，以之逐一比喻佛弟子之出家乃至成道。【23】

二、佛教譬喻的種類

若就類別而言，《佛光大辭典》將常見於諸經論中之著名譬喻分為下列九種，【24】

1.顯示諸現象之存在悉無實體、一切皆空之譬喻。此類譬喻以般若系經論為代表，好比《大品般若經》（Mahāprajñā-pāramitāsūtra）的十喻。【25】和《大日經》（Mahā-vairocanābhisajbodhi-vikurvitādhisthana-vaipulya-sūtrendra-vājanāma-dharmaparyāya）的十喻。【26】

2.顯示人類肉體為空與無常之譬喻。此類譬喻的經典以《維摩詰所說經》（Vimalakīrti-nirdeśa）的維摩經十喻【27】為代表。

【23】《佛光大辭典》，頁6809中下。

【24】同上註，頁6809下-6814下。

【25】唐・玄奘譯，《大般若波羅蜜多經》（卷1），《大正藏》冊5，no.220，頁1下。

【26】唐・善無畏、一行譯，《大毘盧遮那成佛神變加持經》（卷1），《大正藏》冊18，no.848，頁3下。

【27】聚沫、泡、炎、芭蕉、幻、夢、影、響、浮雲、電等十喻。姚秦・鳩摩羅什譯，《維摩詰所說經》（卷1），《大正藏》冊14，no.475，頁539上。

3.顯示佛陀一代教化次第之譬喻：此類譬喻可見於《舊譯華嚴經》【28】和北本《大般涅槃經》【29】等經中。

4.顯示三乘斷惑修行深淺不同之譬喻。此類譬喻的經典以《優婆塞戒經》（Upāsaka-śila-sūtra）【30】和《法華玄義釋籤》【31】為代表。

5.顯示佛陀應眾生根機施以各種不同教法之譬喻。此類譬喻以《妙法蓮華經》的法華七喻【32】為代表。謂三乘人不知權教為方便而深信，如來出而導歸於一乘。

6.以蓮花顯示法華開顯之旨之譬喻。此類譬喻可見於智顗之《法華玄義》中，《法華玄義》序王稱為蓮華三喻、迹本三喻。【33】

7.顯示如來藏之譬喻。稱為如來藏九喻，代表九種煩

【28】東晉·佛陀跋陀羅譯，《舊譯華嚴經》（卷34），《大正藏》冊9，no.278，頁616中下。

【29】北涼·曇無讖譯，北本《大般涅槃經》（卷14），《大正藏》冊12，no.374，頁449上。

【30】北涼·曇無讖譯，《優婆塞戒經》（卷1），《大正藏》冊24，no.1488，頁1038中。

【31】唐·湛然述，《法華玄義釋籤》（卷17），《大正藏》冊33，no.1717，頁934中。

【32】火宅喻、窮子喻、藥草喻、化城喻、衣珠喻、髻珠喻、和醫子喻，姚秦·鳩摩羅什譯，《妙法蓮華經》（卷2-5）〈譬喻品〉-〈如來壽量品〉，《大正藏》冊9，no.262，頁13中-43中。

【33】即於法華經之迹門「施開廢」，於本門「垂開廢」，而以蓮之實（比喻實與本）與其花（比喻權與迹）為喻，有所謂「為蓮故華」、「華開蓮現」、「華落蓮成」等語。隋·智顗說，《妙法蓮華玄義》序王，《大正藏》冊33，no.1716，頁681上中。

惱。此類譬喻以如來藏系經論為代表，如《大方等如來藏經》（Mahā-Tathāgatagarbha-sūtra）和《究竟一乘寶性論》（Ratnagotra-vibhāgo Mahāyā-nottaratantra-śāstra）等載。【34】

8.顯示念佛三昧殊勝之譬喻。此類譬喻以《觀佛三昧海經》（Buddha-dhyāna-samādhisāgara-sūtra）為代表，該經卷十舉出長者閻浮檀金、王寶印、長者如意珠、仙人誦咒、力士明珠、劫盡時之金剛山等譬喻，皆用來比喻念佛三昧之殊勝功德。【35】

9.顯示自眾生貪、瞋煩惱中生清淨之往生心之譬喻。出自善導之《觀經疏散善義》。【36】

參、《佛說鹹水喻經》的譬喻探討

《佛說鹹水喻經》共有三個漢譯本，第一版《佛說鹹水喻經》【37】（《大正藏》第29經）的譯者已不可考，因

【34】東晉・佛陀跋陀羅譯，《大方等如來藏經》（卷1），《大正藏》冊16，no.666，頁457中-459中；後魏・勒那摩提譯，《究竟一乘寶性論》（卷1）〈無量煩惱所纏品〉第6，《大正藏》冊31，no.1611，頁814中下。

【35】東晉・佛陀跋陀羅譯，《觀佛三昧海經》（卷10），《大正藏》冊15，no.643，頁695中-696中。

【36】《佛光大辭典》，頁6815中。

【37】失譯，《佛說鹹水喻經》，《大正藏》第29經。

此被附上西晉錄，共有682字；第二譯本出現在《增壹阿含經》（卷33）（39.3），[38]共有603字。據晉沙門釋道安所撰《增壹阿含經》序中記載，本經是兜佉勒國沙門曇摩難提（Dharma-nandi）受武威太守趙文業求令出焉，佛念譯傳，曇嵩筆受，於前秦建元二十年（384年）夏出，至來年（385年）春乃訖。[39]之後瞿曇僧伽提婆（Gautama Sanghadeva）於東晉安帝隆安元年元月（397年）重譯出，與難提本小異。因此大正藏的《增壹阿含經》每卷的卷首皆言「瞿曇僧伽提婆譯」。[40]第三譯本《中阿含經》七法品（A.VII.15 Udakupama）《水喻經》第四（卷1）[41]，共有1388字，原為曇摩難提於符秦建元二十年（384年）譯出，罽賓三藏瞿曇僧伽提婆重譯於東晉孝武及安帝隆安元年（397年）十一月至二年（398年）六月了於東亭寺，道祖筆受，與曇摩難提譯者大不同。目前本經無梵文本，仍有巴利文本《A.7.15》，可做為本論文三漢譯本比對時的參考。以上三漢譯本中，第二和第三譯本為同譯者，翻譯時間前後僅相差十個月，《增壹阿含經》在前，《中阿含經》在後。

---

[38]東晉·瞿曇僧伽提婆譯，《大正藏》冊2，no.125，頁729下-730中。

[39]同上註，頁549上。

[40]隋·費長房撰，《歷代三寶紀》（卷7），《大正藏》冊49，no.2034，頁70下。另見水野弘元著，許洋主譯，《佛教文獻研究》，頁511，524。

[41]東晉·瞿曇僧伽提婆譯，《中阿含經》，《大正藏》冊1，no.26，頁424上-425上。

茲將上述三異譯本的經名、字數、出處、譯者和翻譯年代等相關資料，依譯出年代先後列表1呈現如下，以方便下面經文的逐一比對。

表1　《佛說鹽水喻經》三異譯本對照表

經名	《佛說鹽水喻經》（卷1）	《增壹阿含經》（卷33）	《中阿含經》七法品水喻經第四（卷1）
字數	682字	603字	1388字
出處	《大正藏》，冊1，no. 29，頁811中下。	《大正藏》，冊2，no.125（39.3），頁729下-730中。	《大正藏》，冊1，no.26，頁424上-425上。
譯者	失譯。	罽賓三藏瞿曇僧伽提婆譯。	罽賓三藏瞿曇僧伽提婆譯，道祖筆受。
翻譯年代	西晉（265-316）。	東晉安帝隆安元年正月（397）譯出。	東晉安帝隆安元年十一月至二年（397-398）六月譯於東亭寺。

一、三異譯本序分內容比對

　　由表1.2.三異譯本經題、譯者、翻譯年代和序分的比較，可發現隨著時間的變遷，本經翻譯內容的遣詞用字愈趨簡潔明白，對象愈人間性，整體呈現出逐步現代化。說明如下：

表2 《佛說鹽水喻經》三異譯本序分對照表【42】【43】【44】

經名	《佛說鹽水喻經》	《增壹阿含經》	《中阿含經》七法品水喻經第四
序分	聞如是：一時婆伽婆，在舍衛城祇樹給孤獨園。爾時世尊告諸比丘，「我與汝等說水喻七事。諦聽諦思念之！我當說。」對曰：「如是世尊。」爾時諸比丘從佛聞教。【42】（59字）	聞如是：一時佛在舍衛國祇樹給孤獨園。爾時，世尊告諸比丘，「我今當說七事水喻，人亦如是。諦聽！諦聽！善思念之。」諸比丘對曰：「如是。」【43】（51字）	我聞如是：一時，佛遊舍衛國，在勝林給孤獨園。爾時，世尊告諸比丘，「我當為汝說七水人。諦聽！諦聽！善思念之。」時諸比丘受教而聽。【44】（50字）

　　1.第一譯本的「水喻七事」，指以水來譬喻修行道上的七個過程；第二譯本的「七事水喻，人亦如是」，則指以水譬喻七個修行過程，也可以用來譬喻人，人也是如此；第三譯本的「七水人」，意指七種水人。依三異譯本譯出的先後，本譬喻屬明喻表達法，但隨著譯出時間的先後，由「七人喻水」、「七人水喻」到「七水人」，顯然由事顯理，直入事即理的結合。

【42】西晉・失譯，《佛說鹽水喻經》，《大正藏》冊1，no.29，頁811中。

【43】東晉・瞿曇僧伽提婆譯，《增壹阿含經》（卷33），《大正藏》冊2，no.125，頁729下。

【44】東晉・瞿曇僧伽提婆譯，《中阿含經》七法品水喻經第四（卷1），《大正藏》冊1，no.26，頁424上。

2.經題由最早譯本的《佛說鹽水喻經》到了第三譯本簡化為《水喻經》。

3.「信成就」及「聞成就」：《增一阿含》「聞如是」和《中阿含》「我聞如是」是譯者方便意譯；《長阿含》《雜阿含》「如是我聞」屬巴利本Evam me sutam梵本Evam maya wrutam的原典直譯，相當於原文。其中「我」指阿難尊者自稱的緣起的人格我，為證信用而唱出「如是我聞」，藉以排除「所說非自己杜撰」。後代讀誦經典者，當讀誦時，有猶如自己親自聽聞的感情投攝作用，屬各自隨緣感受。

4.簡潔白話：在序分中，可見三異譯本翻譯的極小差異變化，卻呈現其現代化的簡潔意味。說明如下：

（1）主成就：第一譯本的「婆伽婆」（梵Bhagavat），忠實於原文的音譯。第二和第三譯本（包括四阿含），譯為「佛（Buddha）」，屬方便改譯。四尼柯耶起信序皆用Bhagava（世尊／眾祐）。然，大正藏經號No.10,11,12保留Bhagava意譯為世尊No.17 意譯為「眾祐」。「主成就」把Bhagava方便改譯為佛，譯者是否有「呈現其現代化的簡潔意味」的用心在，讀者各有不同的看法。

（2）處成就：Savatthi是拘薩羅（Kosala國）的都城，第一譯「舍衛城」是正確的，而《增一阿含》和《中阿含》均譯為「舍衛國」已有偏差。第二譯在東晉安帝隆安元年正月（397年）譯出，第三譯在東晉安帝隆安元年十一月至

二年六月（397-398年）譯於東亭寺。史料記載第三譯參考第二譯有所修訂，以致於第三譯本亦隨著第二譯本將「舍衛城」譯為「舍衛國」。

Savathiyam viharati（住在舍衛城／逗留在舍衛城）「在」與「遊」皆是viharati的意譯。第一譯和第二譯皆譯成「在舍衛城」，第三譯則改譯為「遊舍衛國」，二者皆通。《中阿含經》一律將viharati（住）譯為「遊」，包括進入種種禪定的敘述當中的viharati也譯為「遊」。然而由中文字義上來看，「在」有止意，而「遊」有動的意味。

Jeta-vana（勝林／祇樹）Anathapin&dikassa-rma（給孤獨園），「勝」或「祇」皆指Jeta太子，「勝」為意譯，「祇」為音譯「祇陀」之略。 第一譯本和第二譯本的處成就「在舍衛城祇樹給孤獨園」，在第三譯本則譯為「遊舍衛國，在勝林給孤獨園」。其中「在舍衛城」已改譯為「遊舍衛國」，「在勝林給孤獨園」是很少出現的翻譯方法，但在《中阿含》眾經中均採用此譯法，可見第三譯本在參考第二譯本時有所修訂。

（3）佛囑咐：第一譯本的「諦思念之」，到了第二和第三譯本，都譯為「善思念之」，顯的白話多了。

5.人性（間）化的呈現：第一譯本的「水喻七事」，第二譯本則為「七事水喻，人亦如是」，多加了「人亦如是」，到了第三譯本就由八字簡化為「七水人」三字了。第三譯本的「七水人」恐怕是傳抄中漏寫了「喻」字，全經「七水人」只出現一次，反而「七水喻人」出現兩次，另外

還有「初水喻人」、「第二水喻人」、「第三水喻人」……「第七水喻人」。

　　6.時間效力的普遍性：第一譯本的「我與汝等說」，第二譯本則為「我今當說」，到了第三譯本就直譯為「我當為汝說」。第三譯本的「我當為汝說」，結合了前二譯本的重點，在語氣上更顯重要性和權威性，在時效上更見普遍性和恆長性。

　　7.字數濃縮言簡意賅：第一譯本的「我當說。對曰。如是世尊。爾時諸比丘從佛聞教。」，第二譯本則為「諸比丘對曰。如是。」，到了第三譯本就直譯為「時。諸比丘受教而聽。」。第二譯本和第三譯本的表達方法顯然簡短多了，然而在意思上，第三譯本則結合了前二譯本的精緻，真是言簡意賅。

　　8.內容字數成長兩倍：第一譯本（682字）和第二譯本（603字）的字數相近，最後的第三譯本（1388字）的內容卻增加了一倍。是否和上列第六項「字數濃縮意簡言賅」矛盾？待下面分曉。然而從三異譯本的序分內容的字數來看，則是由最早的譯本（59字），第二譯本（51字），到最晚的第三譯本（50字）逐次遞減。

　　綜合上述六項分析，不難看出本經三異譯本的年代，都是在晉朝，且翻譯前後只差數十年甚至不到一年，此外後二譯本還是同譯者，就有明顯的現代白話和人間性傾向，更何況歷經漫長十六個世紀，流傳於今天的本譬喻？

二、三異譯本正宗分內容比對

本經正宗分以七事水喻為主要內容，為方便對其三異譯本的七事水喻做更進一步的比較，下面將逐喻來比對。

（一）總列水喻七事【45】【46】【47】

表3 《佛說鹽水喻經》三異譯本正宗分引言對照表

經名	《佛說鹽水喻經》	《增壹阿含經》	《中阿含經》七法品水喻經第四
總列水喻七事	世尊告曰：「云何比丘水喻七事？若人沒於水、從水出頭復還沒水、或出頭遍觀四方、或出頭不復沒水、或有人欲行出水、或有人欲至彼岸、或有人已至彼岸。（淨志得立彼岸）。」【45】（66字）	世尊告曰：「彼云何七事水喻而似人？猶如有人沒在水底、如復有人暫出水還沒、如復有人出水觀看、如復有人出頭而住、如復有人於水中行、如復有人出水而欲到彼岸、如復有人已到彼岸，（是謂比丘七事水喻出現於世。）【46】（86字）	佛言：「云何為七？或有一人常臥水中、或復有人出水還沒、或復有人出水而住、（或復有人出水而住）、住已而觀、（或復有人出水而住，住已而觀）、觀已而渡、（或復有人出水而住，住已而觀，觀已而渡）。渡已至彼岸、（或復有人出水而住，住已而觀，觀已而渡，渡已至彼岸）。至彼岸已，謂住岸人。（如是，我當復為汝說七水喻人。諦聽！諦聽！。善思念之。時，諸比丘受教而聽）（136字）佛言：「云何為七？或有人常臥、或復有人出已還沒、或復有人出已而住、（或復有人出已而住）。住已而觀、（或復有人出已而住，住已而觀）、觀已而渡、（或復有人出已而住，住已而觀，觀已而渡，渡已至彼岸、（或復有人出已而住，住已而觀，觀已而渡，渡已至彼岸）、至彼岸已。（謂住岸梵志，此七水喻人。）【47】（共247字）

【45】西晉・失譯，《佛說鹽水喻經》，《大正藏》冊1，no.29，頁811中。

【46】東晉・瞿曇僧伽提婆譯，《增壹阿含經》（卷33），《大正藏》冊2，no.125，頁729下。

【47】東晉・瞿曇僧伽提婆譯，《中阿含經》七法品水喻經第四（卷1），《大正藏》冊1，no.26，頁424上。

對照比較上表3.三異譯本的正宗分引言，再度可見此三異譯本的翻譯，逐步使用語體文，因為魏晉南北朝時代，佛經漢譯採用「口語／語體文」，少用「書面語」。然而內容字數卻逐漸增加，和前序文相反，今略述如下，

　　（1）內容字數成長三至四倍：第一譯本（66字）和第二譯本（86字）的字數差距不大，而第三譯本（247字）的內容卻明顯增加了三、四倍。上欄第三譯本的內容，不但在七水喻的每個水喻說明文字中，重覆敘述前喻的內容，以便讀者易於閱讀，且在整段七水喻（136字）說明完之後，又再重複一次整段的內容（111字），不難窺見譯者老婆心切的用心，應該也是瞿曇僧伽提婆於第四世紀末重譯《中阿含經》的主要原因，【48】當然有可能當時眾生的根基，有需要不斷地耳提面命。

　　（2）翻譯手法迥異：由上表三異譯本的總列水喻七事比照表，可見各自不同的翻譯手法，說明如下，

　　a. 在此前二譯本的「世尊告曰」，到了第三譯本則譯為「佛言」。《中阿含經》大部份延襲前二譯「世尊告曰」，超過二百多次。譯為「佛言」的次數較少，只有四十八次。

　　b. 第一譯本和第二譯本均譯為「人沒於水」，而第三譯本則譯為「一人常臥水中」。

【48】《中阿含經》原為曇摩難提於前秦建元二十年（385）譯出，隆安元年（397）瑯琊王司馬珣素來荷持正法，更請瞿曇僧伽提婆重譯《中阿含經》。梁・慧皎撰，《高僧傳》（卷1），《大正藏》冊50，no.322，頁329上。

第一譯本的第二至第四個水喻「從水出頭復還沒水。或出頭遍觀四方。或出頭不復沒水。」均譯為的「頭」，第二譯本則只有第四水喻「如復有人出頭而住。」譯為「頭」，其他水喻和第三譯本一樣都譯為「人」。

c. 第一譯本的第五水喻「或有人欲行出水。」，第二譯本譯為「如復有人於水中行。」，第三譯本則譯為「觀已而渡。」。

d. 第一譯本的「淨志」，第二譯本譯為「比丘」，第三譯本則譯為「梵志」。

在此，第三譯本的譯法似仿第一譯本，第二譯本所譯的「比丘」，第一及第三譯本「淨志得立彼岸／住岸梵志」為"thale titthati brahmana（立於陸地的婆羅門─究竟清淨者~）"的意音合譯；指稱落水後第七種人，得站立在岸上的阿羅漢、漏盡者、究竟清淨者。

第二譯本所譯的「比丘」是呼格的bhikkhave（諸比丘！）是佛陀呼叫比丘們注意聽法用。

經文如是：是謂，比丘！七事水喻出現於世。

第一譯本的「立彼岸」，第二譯本譯為「出現於世」，第三譯本則譯為「住岸」。此處，第三譯本的譯法再度仿照第一譯本。

由上述三譯本的比對看出，第三譯本的譯法多仿照第一譯本，而少採用第二譯本。可窺知瞿曇僧伽提婆所以重譯《中阿含經》，乃因曇摩難提所譯的《中阿含經》和《增一

阿含經》，文義頗多差謬了。【49】

（二）第一事水喻【50】【51】【52】【53】

表4　《佛說鹽水喻經》三異譯本正宗分第一事水喻對照表

經名	《佛說鹽水喻經》	《增壹阿含經》	《中阿含經》七法品水喻經第四
			我略說也。如上說，如上施設，汝知何義？何所分別？有何因緣？時，諸比丘白世尊曰：「世尊為法本，世尊為法主，法由世尊，唯願說之。我等聞已，得廣知義。佛便告曰：「汝等諦聽！善思念之！我當為汝分別其義時。」諸比丘受教而聽。【50】（85字）
初入水沒溺	彼云何人沒溺於水？或有一人以不善法盡<u>纏裹身</u>，（純罪熟至地獄一劫受罪）不可療治，是謂此人常沒溺。於水。是謂初入水沒溺。【51】（50字）	彼云何人沒在水底而不得出？於是，或有一人不善之法，<u>遍滿其體</u>，（當經歷劫數），不可療治，是謂此人沒在水底。【52】（43字）	佛言：「云何有人常臥？謂或有人為不善法之所<u>覆蓋</u>，染汙所<u>染</u>，受惡法<u>報</u>，<u>造</u>生死本，是謂有人常臥。猶人沒溺，臥于水中。我說彼人亦復如是，是謂<u>初</u>水喻人。世間諦如有也。【53】（66字）

【49】參閱《佛光大辭典》，頁5723上。

【50】《中阿含經》七法品水喻經第四（卷1），《大正藏》冊1，頁424中。

【51】《佛說鹽水喻經》，《大正藏》冊1，頁811中。

【52】《增壹阿含經》（卷33），《大正藏》冊2，頁730上。

【53】《中阿含經》七法品水喻經第四（卷1），《大正藏》冊1，頁424中。

由上表4.三異譯本第一事水喻經文比對後，有下列五點發現：

（1）再度耳提面命：第三譯本在細述第一事水喻前加了一段「我略說也。……諸比丘受教而聽。」（85字），是前二譯本所沒有的。此段經文再度展現佛陀諄諄教誨之心切。

（2）予初水喻定義：一開始論及初水喻，三異譯本都不約而同給了類似的定義。第一譯本定義「彼云何人沒溺於水。或有一人以不善法盡纏裹身。純罪熟至地獄一劫受罪。不可療治。」，第二譯本定義為「彼云何人沒在水底而不得出。於是。或有一人不善之法。遍滿其體。當經歷劫數。不可療治。」，第三譯本則譯為「云何有人常臥。謂或有人為不善法之所覆蓋。染汙所染。受惡法報。造生死本。」。不管用字如何迥異，在先下定義上卻有一致的看法。但是用字上，倒是第一和第二譯本比較相近。

（3）文義謬實比較：第一譯本的「或有一人以不善法盡纏裹身。（純罪熟至地獄一劫受罪）不可療治。」，第二譯本譯為「或有一人不善之法。遍滿其體。（當經歷劫數）。不可療治。」，第三譯本則譯為「謂或有人為不善法之所覆蓋。染汙所染。受惡法報。造生死本。」。在此，第二譯本譯文最為簡短（43字），但「遍滿其體。」和「（當經歷劫數）。」文義比較含糊，沒有其他前後二譯本來的貼切，但第三譯本又比第一譯本更清楚明瞭。因此，第三譯本此段的長度（66字）就比較接近第一譯本（50字）。

（4）譬喻轉為「人」喻：上表依先後譯出時間，由「初入水沒溺」，「此人沒在水底。」到「初水喻人。」的轉變過程中，「人」很明顯地被提出，顯示這則譬喻人間性的意義。

　　（5）現代化的伏筆：上述人間性的明喻，到了第三譯本又加上「世間諦如有也」是此譬喻現代化的一大伏筆。以下第二水喻人至第七水喻人說明後的結尾都可發現加了「世間諦如有也。」

（三）人沒溺於水【54】【55】【56】

表5　佛說鹽水喻經三異譯本正宗分第二事水喻對照表

經名	《佛說鹽水喻經》	《增壹阿含經》	《中阿含經》七法品水喻經第四
二人沒溺於水	彼云何人出頭還沒入水？或有一人作是沒溺、有信於善法，懷慚愧求其方便。於諸善法皆懷慚愧。彼出於水還沒溺水，是謂二人沒溺於水。【54】（54字）	彼何等人出水還沒？或有一人信根漸薄，雖有善法而不牢固。彼身、口、意行善。後復身、口、意行不善法，身壞命終，生地獄中，是謂此人出水還沒。【55】（55字）	云何有人出已還沒？謂人既出，得信善法——持戒、布施、多聞、智慧、修習善法。彼於後時失信不固，失持戒、布施、多聞、智慧而不堅固。是謂有人出已還沒。猶人溺水，既出還沒。我說彼人亦復如是，是謂第二水喻人，世間諦如有也。【56】（86字）

【54】《佛說鹽水喻經》，《大正藏》冊1，頁811中。

【55】《增壹阿含經》（卷33），《大正藏》冊2，頁730上。。

【56】《中阿含經》七法品水喻經第四（卷1），《大正藏》冊1，頁424中。

由上表5三異譯本第二水喻「人沒溺於水」經文比對後，可歸納為如下五點：

（1）第二水喻定義：三異譯本對第二水喻定義的表現手法雖不盡相同，但都表達了第二水喻「行善不堅固」的共通性。

（2）文義漸次明朗：第一譯本（54字）和第二譯本（55字）的字數幾乎一樣，而第三譯本（86字）多了一半。但文義說理正反對照，明瞭易懂。第一譯本只敘述正面善法行，卻突然轉折為「彼出於水還沒溺水」令人有銜接不上的錯愕感，第二譯本善惡並論理已較明，卻因「生地獄中」以一概全，就不如第三譯本用字的溫和貼切。

（3）「信」與「信根」差異：第一譯本和第三譯本的「信」字作動詞用，而第二譯本卻譯成名詞「信根」。依此推測瞿曇僧伽提婆重譯《中阿含經》七法品水喻經時，應該是以第一譯本為主要依據。

（4）釋義愈加明細：三譯本對善法的修持法不同。第一譯本以懷慚愧為主；第二譯本以身、口、意行善或不善法；而第三譯本則為持戒、布施、多聞、智慧。第三譯本中的「得信善法」是連接隨後的持戒、布施、多聞、智慧，這五項是專弘「阿羅漢道」的《阿含經》中非常普遍的教導，尤其針對在家眾，不是「菩薩道」所特有的。

（5）「二」字緣起妙用：第一譯本的「是謂二人沒溺於水」犯了語義不詳的過失，讓人誤以為有兩個人沉沒在水中，下面第三水喻至第七水喻也出現了同樣問題，誤以為有

三個人、四個人……甚至七個人分別同時沉沒在水中、出水……離水上岸等。第二譯本的「是謂此人出水還沒」，也語義不夠清楚，未指出是第幾個水喻。而第三譯本的「是謂第二水喻人。」加了「第」字的表達就一清二楚了。這就是文字在行文間的緣起妙用。不過，在此再次顯示出第一譯本和第三譯本的相似度。

（四）人喻彼出水【57】【58】【59】

表6　佛說鹽水喻經三異譯本正宗分第三事水喻對照表

經名	佛說鹽水喻經	《增壹阿含經》	《中阿含經》七法品水喻經第四
三人喻彼出水	彼云何人出水遍觀四方？或有一人出水，彼有信於善法，<u>有慚愧心有勇猛意</u>，於諸不善法皆有慚愧。彼出水上不復沒溺於水，此諸賢，是謂三人喻彼出水。【57】（60字）	彼何等人出水觀看？於是，或有人有信善<u>根</u>，身、口、意行更<u>不增益其法</u>，自守而住。<u>彼身壞命終，生阿須倫中</u>，是謂此人出水而觀。【58】（49字）	云何有人出已而住？謂人既出，得信善法——<u>持戒、布施、多聞、智慧、修習善法</u>。彼於後時信固不失，<u>持戒、布施、多聞、智慧堅固不失</u>，是謂有人出已而住。猶人溺水，出已而住。我說彼人亦復如是，是謂<u>第</u>三水喻人。世間諦如有也。【59】（85字）

【57】《佛說鹽水喻經》，《大正藏》冊1，頁811中。

【58】《增壹阿含經》（卷33），《大正藏》冊2，頁730上。。

【59】《中阿含經》七法品水喻經第四（卷1），《大正藏》冊1，頁424中。

由上表6.三異譯本第三水喻「人喻彼出水」經文比對後，可歸納為如下兩項：

　　（1）第三水喻定義：三異譯本對第三水喻的定義，顯現出比第二水喻更高一層的境界，已達出水上不復沒溺於水，或生阿須倫中，或堅固不失，猶人溺水，出已而住。

　　（2）言簡意賅：由上表三異譯本的第三水喻對照表，可見第三譯本呈現出釋經論的形態，然而遣詞用字卻不失簡潔，分述如下：

　　a.第一譯本（60字）的表達方式是「出水遍觀四方」指浮出水面不再沈沒，「遍觀四方」，確定近岸在那一方向，準備游上岸。第二譯本（49字）為「出水觀看」亦指察看近岸的方向。第三譯本（85字）譯為「出已而住」但指不再沒水而已。顯然以第一譯本「出水遍觀四方」的文意最肯定；第二譯本「出水觀看」其次；而第三譯本（85字）譯為「出已而住」最低。

　　b. 在前述第二水喻修持法之後，第一譯本加了「有勇猛意」；第二譯本加得更多「更不增益其法，自守而住。」；而第三譯本只重述「堅固不失」，卻已意盡言詮。

　　c. 在是謂第三水喻之前，第一譯本指「彼出水上不復沒溺於水，此諸賢」；第二譯本譯得較長「彼身壞命終。生阿須倫中。」；而第三譯本只重述「我說彼人亦復如是。」三譯本中，只有第二譯本明確指出：達第三水喻前，彼身壞命終，生阿修羅道中。從這點來看，第一和第三譯本較相近。可能第二譯本是依據不同原文本翻譯的。

（五）人喻彼出水住【60】【61】【62】

表7　佛說鹽水喻經三異譯本正宗分第四事水喻對照表

經名	佛說鹽水喻經	《增壹阿含經》	《中阿含經》七法品 水喻經第四
四人喻彼出水住	彼云何人出水住？<u>或有一人作是出水</u>，有信於善法，<u>有慚愧有精進，於諸善法皆懷慚愧。</u>彼於三結使盡，<u>成須陀洹而不退轉</u>，必當還所獲，是謂<u>四人喻彼出水住</u>。【60】（62字）	彼何等人出水住者？於是，或有人有信精進，斷三結使，更不退轉，必至究竟成無上道，是謂此人出水而住。【61】（41字）	云何有人出已而住？<u>住已而觀</u>？謂人既出，得信善法——持戒、布施、多聞、智慧，修習善法，彼於後時信固不失。持戒、布施、多聞、智慧，堅固不失。（住善法中，知苦如真，知苦習（集），知苦滅，知苦滅道如真。彼如是知、如是見、三結便盡。<u>謂身見、戒取、疑。</u>三結已盡，<u>得須陀洹</u>，不墮惡法，定趣正覺，極受七有。天上、人間七往來已，便得苦際。）是謂有人出已而住，住已而觀，猶人溺水。出已而住，住已而觀，我說彼人亦復如是，是謂<u>第</u>四水喻人。世間諦如有也。【62】（137字）

【60】《佛說鹽水喻經》，《大正藏》冊1，頁811中。

【61】《增壹阿含經》（卷33），《大正藏》冊2，頁730上。。

【62】《中阿含經》七法品水喻經第四（卷1），《大正藏》冊1，頁424中。

由上表7.三異譯本第四水喻「人喻彼出水住」經文比對後，可結論為如下三點：

　　（1）境界定義雷同：第四水喻的境界三譯本都提到「三結使盡，不退轉，成須陀洹」的類似文義，惟用字不盡相同，然而，卻再度可見第一和第三譯本的雷同處。

　　（2）由譯經變釋經：在此，第三譯本有三處展現了釋經的相貌。首先是對善法的詮釋，「得信善法。持戒・布施・多聞・智慧。修習善法。彼於後時信固不失。持戒・布施・多聞・智慧。堅固不失。住善法中。知苦如真。知苦習集・知苦滅・知苦滅道如真。彼如是知・如是見。」；接著是對三結加上註釋，「三結便盡。謂身見・戒取・疑。」；最後對須陀洹給予說明，「不墮惡法。定趣正覺。極受七有。天上・人間七往來已。便得苦際。」因此，和第一和第二譯本相較下，第三譯本在內容上就有明顯的添加，由第一譯本（62字），第二譯本（41字）到了第三譯本（137字）了。然而，第三譯本《中阿含經》所譯內容，比起其他二譯，更接近《A.7.15》相當的巴利經文。

　　（3）喻中喻：第三譯本「是謂有人出已而住。住已而觀。猶人溺水。出已而住。住已而觀。我說彼人亦復如是。」

（六）人喻彼水欲至彼岸【63】【64】【65】

表8 佛說鹽水喻經三異譯本正宗分第五事水喻對照表

經名	佛說鹽水喻經	《增壹阿含經》	《中阿含經》七法品水喻經第四
彼（五）人喻彼水欲至彼岸	彼云何人出水欲至彼岸？或有一人作如是出水，彼有信於善法，有慚愧有勇猛意，於諸善法悉懷慚愧。彼盡三結使。貪欲瞋恚愚癡薄，成斯陀含。來至此間而盡苦本，是謂彼人喻彼水欲至彼岸。【63】（75字）	彼何等人欲渡水者？於是。或有人信根精進，恒懷慚愧，斷三結使，婬、怒、癡薄。來至此世而斷苦際，是謂此人欲渡水者。【64】（45字）	云何有人出已而住，住已而觀，觀已而渡，謂人既出，得信善法——持戒、布施、多聞、智慧。修習善法，彼於後時信固不失，持戒、布施、多聞、智慧，堅固不失。住善法中，知苦如真，知苦習、知苦滅、知苦滅道如真。如是知，如是見，三結便盡，謂身見、戒取、疑。三結已盡。婬、怒、癡薄。得一往來天上、人間。一往來已。便得苦際。是謂有人出已而住。住已而觀。觀已而渡。猶人溺水。出已而住。住已而觀。觀已而渡。我說彼人亦復如是。是謂第五水喻人。世間諦如有也。【65】（169字）

【63】《佛說鹽水喻經》，《大正藏》冊1，頁811中。

【64】《增壹阿含經》（卷33），《大正藏》冊2，頁730上。。

【65】《中阿含經》七法品水喻經第四（卷1），《大正藏》冊1，頁424中。

由上表8.三異譯本第五水喻「人喻彼水欲至彼岸」經文比對後，有如下四點發現：

（1）第五水喻名異：第一譯本譯為「彼云何人出水欲至彼岸」；第二譯本譯為「彼何等人欲渡水者」；而第三譯本則譯作「云何有人出已而住，住已而觀，觀已而渡。」第三譯本的第五水喻人（169字）延續前第四水喻人的經論形態和加倍的內容，為前兩譯本的三、四倍，但重點在下半部。下面的第六和第七水喻人也有同樣的情況，亦不再重述。

（2）斷三結斯陀含：根據上表所列，三異譯本第五水喻出水都指斷三結的斯陀含境界，三異譯本也都附帶說明三結。唯略有不同，第一譯本譯為「貪欲瞋恚愚癡薄。」；第二譯本與第三譯本同樣譯為「婬・怒・癡薄」，是繼序分之後，二譯本再度出現用字完全吻合。

（3）第三譯本疑點：根據第一譯本的「來至此間而盡苦本」和第二譯本的「來至此世而斷苦際」來看，第三譯本的「便得苦際」，應改為「便得苦盡」，才能和前文「得一往來天上、人間，一往來已」銜接。

（4）結論文殊義同：第一譯本的「是謂彼人喻彼水欲至彼岸。」尚以第五水喻譬喻那個人，第二譯本的「是謂此人欲渡水者」則直譯成這個人要渡水過岸，第三譯本的「猶人溺水。出已而住。住已而觀。觀已而渡。我說彼人亦復如是。是謂第五水喻人。」則多了一則猶人溺水的譬喻說明，以與最後的「是謂第五水喻人」相呼應。以下第六水喻和第

七水喻的結尾也有完全一樣的敘述，就不再贅述。

（七）人喻彼出水已至彼岸[66][67][68]

表9 佛說鹽水喻經三異譯本正宗分第六事水喻對照表

經名	佛說鹽水喻經	《增壹阿含經》	《中阿含經》七法品水喻經第四
人喻彼出水已至彼岸	云何彼人已至彼岸？或有一人便出水，有信於善法，有慚愧有勇猛意，於諸善法皆懷慚愧。彼便盡五下分結成阿那含。於彼般涅槃。不復來至此間。是謂六人喻彼出水已至彼岸。[66]（69字）	彼何等人欲至彼岸？或有人信根精進、斷下五結。成阿那含。即彼般涅槃，更不來此世。是謂此人欲至彼岸者也。[67]（43字）	云何有人出已而住？住已而觀，觀已而渡，渡已至彼岸。謂人既出，得信善法達持戒、布施、多聞、智慧、修習善法。彼於後時信固不失，持戒、布施、多聞、智慧，堅固不失，住善法中。知苦如真、知苦習、知苦滅、知苦滅道如真，如是知、如是見，五下分結盡，謂貪欲、瞋恚、身見、戒取、疑。五下分結盡已，生於彼間，便般涅槃，得不退法，不還此世，是謂有人出已而住。住已而觀，觀已而渡，渡已至彼岸，猶人溺水，出已而住，住已而觀，觀已而渡，渡已至彼岸。我說彼人亦復如是，是謂第六水喻人。世間諦如有也。[68]（187字）

---

[66] 《佛說鹽水喻經》，《大正藏》冊1，頁811中。

[67] 《增壹阿含經》（卷33），《大正藏》冊2，頁730上。。

[68] 《中阿含經》七法品水喻經第四（卷1），《大正藏》冊1，頁424中。

由上表9.三異譯本第六水喻「人喻彼出水已至彼岸」經文比對後，有如下三點發現：

　　（1）第六水喻定義：三異譯本雖然對第六水喻人的境界略有不同的敘述方法，但可以確定的是必需斷下五分結，證阿那含，般涅槃，不再投生此世間。

　　（2）字數多寡定則：從前述初水喻人至此第六水喻人（第二水喻人除外），都是第二譯本內容（43字）最短，第三譯本字數（187字）最多，而最初的譯本（69字）居中。下面第七水喻人也不例行，亦不再贅述。

　　（3）各有鋪陳模式：由第三譯本第六水喻人的內容，可歸納出僧伽提婆翻譯的手法——參考融合前兩譯本，但以第一譯本為主，去蕪存菁後，在加上大量的重述、同樣的結尾，因此次第之間的環扣細節較清楚。

（八）人喻彼水已立彼出岸【69】【70】【71】

表10　佛說鹽水喻經三異譯本正宗分第七事水喻對照表

經名	《佛說鹽水喻經》	《增壹阿含經》	《中阿含經》七法品水喻經第四
彼人喻彼水已立彼出岸	彼云何人已至彼岸，淨志得立彼岸？或有一人而出水上，有信於善法，有慚愧有勇猛意，於諸善法皆懷慚愧。或有一人盡有漏成無漏，念解脫智慧解脫，於現法中疾得證通，而自娛樂盡生死源，梵行已立所作已辦，更不復受母胎，是謂彼人喻彼水已立彼出岸。【69】（101字）	何等人已至彼岸者？於是，或有一人，信根精進而懷慚愧，盡有漏成無漏，於現法中而自娛樂，生死已盡，梵行已立，所作已辦，更不復受胎。如實知之，於此無餘涅槃界而般涅槃，是謂此人已渡彼岸者也。【70】（83字）	云何有人出已而住，住已而觀，觀已而渡，渡已至彼岸，至彼岸已，謂住岸梵志？謂人既出，得信善法，持戒、布施、多聞、智慧。修習善法，彼於後時信固不失，持戒、布施、多聞、智慧，堅固不失。住善法中，知苦如真、知苦習、知苦滅、知苦滅道如真，如是知、如是見，欲漏心解脫，有漏、無明漏心解脫。解脫已，便知解脫，生已盡，梵行已立，所作已辦，不更受有，知如真，是謂有人出已而住，住已而觀，觀已而渡，渡已至彼岸，至彼岸已，謂住岸梵志。猶人溺水，出已而住，住已而觀，觀已而渡，渡已至彼岸，至彼岸已，謂住岸人。我說彼人亦復如是，是謂第七水喻人。世間諦如有也。【71】（214字）

【69】《佛說鹽水喻經》，《大正藏》冊1，頁811中。

【70】《增壹阿含經》（卷33），《大正藏》冊2，頁730上。。

【71】《中阿含經》七法品水喻經第四（卷1），《大正藏》冊1，頁424中。

由上表10.三異譯本第七水喻「人喻彼出水已至彼岸」
經文比對後，有如下兩點發現：

　　（1）三至七水喻人：要能達到第七水喻人的成就，非
得從第三出水水喻人開始不可。再循著第四水喻人、第五水
喻人、第六水喻人的道路，進到第七水喻人的能於現法中而
自娛樂。生死已盡。梵行已立。所作已辦。更不復受胎。如
實知之。於此無餘涅槃界而般涅槃。

　　（2）三本交涉互用：從上列三異譯本第七水喻人的對
照表，可見三異譯本的互為關聯性如下，

　　a. 第二譯本與第一譯本有頗多相似處，如「或有一人。
信根精進而懷慚愧。盡有漏成無漏。於現法中而自娛樂。生
死已盡。梵行已立。所作已辦。更不復受胎。」整段近似第
一譯本。而二譯本的相異處，在於第一譯本多了「於現法中
疾得證通。」的「疾得證通」；第二譯本雖然內容較短（83
字），卻比第一譯本（101字）多了「如實知之。於此無餘
涅槃界而般涅槃。」等十五個字。可見當時僧伽提婆翻譯
《增壹阿含經》的此小經時，應有參考第一譯本。

　　b. 在總列水喻七事的比對中，已窺知第三譯本應該是
依據第一譯本做重譯的，在此，亦可發現此依據，如「住岸
梵志」應參考第一譯本的「淨志得立彼岸」，此種描述法在
第二譯本是看不到的。另有「欲漏心解脫。有漏·無明漏心
解脫。解脫已。便知解脫。」對第一譯本的「或有一人盡有
漏成無漏。念解脫智慧解脫。」文法用字都極為相似，「解
脫」二字在第二譯本譯為「涅槃」。但第三譯本在此段的

「知如真。」卻和第二譯本的「如實知之。」相近，而第一譯本完全沒有相關的內容。

　　c.在此段文中，又可見第三譯本釋經的手法，如「住善法中。知苦如真。知苦習・知苦滅・知苦滅道如真。如是知・如是見。欲漏心解脫。有漏・無明漏心解脫。解脫已。便知解脫。」

　　d.上列三異譯本的比較出現種種差異，真正的原因也許是三個譯本依據不同的印度（或中亞）傳本，可能還分屬不同的部派，原《水喻經》在各派的長期傳述歷程中逐漸發展出不同的經文，可惜如今無從考據。

（九）流通分[72][73][74]

表11 佛說鹽水喻經三異譯本流通分對照表

經名	《佛說鹽水喻經》	《增壹阿含經》	《中阿含經》七法品水喻經第四
流通分	如是比丘，此七人我今與汝等說七人喻水，諸世尊與諸聲聞所應。當說有大慈，欲使獲安隱皆使得度，所謂閒居處樹下空處露坐。汝等坐禪勿有懈怠，今不精勤後備有悔，是謂我所教敕。爾時諸比丘聞佛所說，歡喜奉行。[72]（86字）	是謂比丘，有此七人水喻向汝等說，諸佛世尊所應修行接度人民，今已施行。當在閒居靜處，若在樹下，當念坐禪，勿起懈息。此是我之教誨。爾時，諸比丘聞佛世尊告曰，彼云何七事水喻而似人？猶如有人沒在水底，如復有人暫出水還沒，如復有人出水觀看，如復有人所說，歡喜奉行。[73]（110字）	我向所言，當為汝說七水人者，因此故說。佛說如是。彼諸比丘聞佛所說，歡喜奉行。水喻經第四竟（一千三百八十八字）[74]（32字）

由上表11.三異譯本流通分的經文比對後，可結論為如下三點：

---

[72]《佛說鹽水喻經》，《大正藏》冊1，頁811中。

[73]《增壹阿含經》（卷33），《大正藏》冊2，頁730上。。

[74]《中阿含經》七法品水喻經第四（卷1），《大正藏》冊1，頁424中。

（1）字數比例迴異：三異譯本的流通分內容字數比例，第一譯本（86字）、第二譯本（110字）和第三譯本（32字）與三異譯本正宗分的七水喻人字數比例正好相反，七水喻人以第三譯本內容字數最多，第二譯本字數最少，第一譯本居中。可見第三譯本屬經論型態，以正宗分七水人為主軸，故其內容龐大可觀，流通分則似一般經典簡短的囑咐流通。

（2）叮嚀愈趨尊重：第一譯本的「此七人我今與汝等說七人喻水」和「諸世尊與諸聲聞所應當說有大慈……」，稍晚的第二譯本譯為「有此七人水喻向汝等說。諸佛世尊所應修行接度人民。」，到了第三譯本則為「我向所言。當為汝說七水人者。因此故說」。其中由「七人喻水」、「七人水喻」到「七水人」，發揮了譬喻的神奇轉化，從人喻水轉為人水喻再巧妙結合為水人。另外，從「諸世尊與諸聲聞」、「諸佛世尊所應修行接度人民」到「七水人者」，在在都宣洩著此三異譯本流通分的愈趨普及化和人間性。

三、小結論

以上三異譯本的比較，可小結為下列六點：

1.第一譯本是第二譯本和第三譯本的共同依據，但是第三譯本多結合了第二譯本。

2.數目字在三異譯本中不同的出現位置，彰顯了文字般若不離緣起妙用。

3.雖然第三譯本極力接近巴利文本，但單就三漢譯本來說，由正宗分篇幅的大弧度增加和諸多名相的釋義，可將第三譯本視為是《佛說鹽水喻經》的論釋。

4.依三異譯本譯出的先後，本譬喻屬明喻表達法，但隨著譯出時間的先後，由「七人喻水」、「七人水喻」到「七水人」，顯然由事顯理，直入事即理的結合。

5.《佛說鹽水喻經》三異譯本的先後譯出，較晚譯出版本的遣詞用字使用較多語體文，也愈形現代化和人間化，可見譯經當時接受了社會相當多的外在環境因素。

6.「七人水喻」代表由束縛得解脫、由凡成聖的七個次第清楚的修行過程。然而，從第三譯本的七個每一水喻人的結尾都加了「世間諦如有也。」來看，此七水喻人的「人」不應該只是針對出家比丘而已，而是包含所有的世間人，不只是對出家比丘的修行證果而言，而是含蓋了所有的世間事。

肆、七水喻的現代詮釋

上面已從《佛說鹽水喻經》三異譯本的比較中，發現本經內容遣詞的愈趨現代化和人間化，而且這七水人喻含蓋了所有世間人事物。然而，時至今日，兩千多年前佛陀傳授的「七人水喻」是否還能發揮絲毫的功用？是否還有其存在的價值？就需以現代化的詮釋方法來探討。

為了考察上述問題，下面將依較近代的第三譯本為根據做詳盡的說明：

（一）若人沒於水。第三譯本定義為

> 云何有人常臥？謂或有人為不善法之所覆蓋，染汙所染，受惡法報，造生死本，是謂有人常臥。猶人沒溺，臥于水中。我說彼人亦復如是，是謂初水喻人。世間諦如有也。【75】

　　在佛教修行道上，第一水人雖指沉溺在生死大海的無明煩惱眾生，但綜觀現代社會，沉迷在毒海、酒海、煙海、淫海、偷竊、賭博、詐欺等惡習大海而無法自拔、不知省悟的眾生，不是比比皆是嗎？也是目前世界各國所面臨最棘手難對治的社會問題。

（二）從水出頭復還沒水。第三譯本定義為

> 云何有人出已還沒？謂人既出，得信善法──持戒、布施、多聞、智慧、修習善法。彼於後時失信不固，失持戒、布施、多聞、智慧而不堅固。是謂有人出已還沒。猶人溺水，既出還沒。我說彼人亦復如是，是謂第二水喻人，世間諦如有也。【76】

【75】《中阿含經》七法品水喻經第四（卷1），《大正藏》冊1，頁424中。

【76】《中阿含經》七法品水喻經第四（卷1），《大正藏》冊1，頁424中。

第二水人指長期沉溺在生死大海的無明煩惱眾生，終於有些慚愧心，就像有人沉溺大海，頭偶爾探出水面，卻馬上再度沉溺。不正像沉溺於毒品煙酒等惡習中的人，偶爾起了絲毫的慚愧心，卻不長久、不牢固，當毒淫、酒淫等惡習一來，忍不住又再沉迷下去。

（三）或出頭遍觀四方。第三譯本定義為

> 云何有人出已而住？謂人既出，得信善法──持戒、布施、多聞、智慧、修習善法。彼於後時信固不失，持戒、布施、多聞、智慧堅固不失，是謂有人出已而住。猶人溺水，出已而住。我說彼人亦復如是，是謂第三水喻人。世間諦如有也。【77】

　　第三水人指長期沉溺在生死大海的無明煩惱眾生，有信心從善，起慚愧心，且意志堅定，就像有人沉溺大海，頭探出水面，就不再沉溺。好比染上毒品煙酒等惡習的慣犯，有信心要戒除煙酒毒品，起了慚愧心，意志也很堅定，雖然當毒淫、酒淫來時，身心的煎熬痛苦難堪，但由於其決心和意志力堅固而戰勝毒淫，從此不再吸食。

（四）或出頭不復沒水。第三譯本定義為

> 云何有人出已而住？住已而觀？謂人既出，得信善法

【77】《中阿含經》七法品水喻經第四（卷1），《大正藏》冊1，頁424中。

——持戒、布施、多聞、智慧，修習善法，彼於後時信固不失。持戒、布施、多聞、智慧，堅固不失。（住善法中，知苦如真，知苦習（集），知苦滅，知苦滅道如真。彼如是知、如是見、三結便盡。謂身見、戒取、疑。三結已盡，得須陀洹，不墮惡法，定趣正覺，極受七有。天上、人間七往來已，便得苦際。）是謂有人出已而住，住已而觀，猶人溺水。出已而住，住已而觀，我說彼人亦復如是，是謂第四水喻人。世間諦如有也。【78】

　　第四水人指長期沉溺在生死大海的無明煩惱眾生，有信心從善，起慚愧心，且意志堅定，就像有人沉溺大海，頭探出水面，就不再沉溺。之後多守戒律、修持布施、薰習善法、長養智慧，漸對這些善法信心不退、堅固不失，身見結、戒取結、疑結等三結煩惱斷盡，便證得初果須陀洹，天上人間再來回七次，所有的苦就完全斷除了。猶如染上毒品煙酒等惡習的慣犯，有信心要戒除煙酒毒品，起了慚愧心，意志也很堅定，雖然毒淫、酒淫等上來時，身心的煎熬痛苦難堪，但由於其決心和意志力堅固而能戰勝毒淫，不再吸食。但是此時毒淫還在，為對治毒淫，該人多持守法規、多與人為善，多薰習聽聞善法，智慧漸生，就更有更生向上的力量了。

【78】《中阿含經》七法品水喻經第四（卷1），《大正藏》冊1，頁424中下。

（五）或有人欲行出水。第三譯本定義為

> 云何有人出已而住，住已而觀，觀已而渡，謂人既
> 出，得信善法——持戒、布施、多聞、智慧。修習善
> 法，彼於後時信固不失，持戒、布施、多聞、智慧，
> 堅固不失。住善法中，知苦如真，知苦習、知苦滅、
> 知苦滅道如真。如是知，如是見，三結便盡，謂身
> 見、戒取、疑。三結已盡。婬、怒、癡薄。得一往來
> 天上、人間。一往來已。便得苦際。是謂有人出已而
> 住。住已而觀。觀已而渡。猶人溺水。出已而住。住
> 已而觀。觀已而渡。我說彼人亦復如是。是謂第五水
> 喻人。世間諦如有也。【79】

第五水人指長期沉溺在生死大海的無明煩惱眾生，有
信心從善，起慚愧心，且意志堅定，就像有人沉溺大海，頭
探出水面，就不再沉溺。之後多守戒律、修持布施、薰習善
法、長養智慧，漸對這些善法信心不退、堅固不失，身見
結、戒取結、疑結等三結煩惱斷盡，便證得初果須陀洹，且
想要永遠離開此生死大海。正像沉溺於毒品煙酒等的慣犯，
有信心要戒除煙酒毒品，起了慚愧心，意志也很堅定，雖然
毒癮、酒癮等來時，身心的煎熬痛苦難堪，但由於其決心和
意志力堅固終能戰勝毒癮，不再吸食。但是此時毒癮還在，
為對治毒癮，該人多持守法規，多與人為善，多親近善友，

【79】《中阿含經》七法品水喻經第四（卷1），《大正藏》冊1，頁424下。

多薰習聽聞善法，智慧漸生，充滿更生向上的力量，就想要永遠脫離過去一直沉溺其中的毒品大海。

（六）或有人欲至彼岸。第三譯本定義為

> 云何有人出已而住？住已而觀，觀已而渡，渡已至彼岸。謂人既出，得信善法達持戒、布施、多聞、智慧、修習善法。彼於後時信固不失，持戒、布施、多聞、智慧，堅固不失，住善法中。知苦如真、知苦習、知苦滅、知苦滅道如真，如是知、如是見，五下分結盡，謂貪欲、瞋恚、身見、戒取、疑。五下分結盡已，生於彼間，便般涅槃，得不退法，不還此世，是謂有人出已而住。住已而觀，觀已而渡，渡已至彼岸，猶人溺水，出已而住，住已而觀，觀已而渡，渡已至彼岸。我說彼人亦復如是，是謂第六水喻人。世間諦如有也。【80】

第六水人指長期沉溺在生死大海的無明煩惱眾生，有信心從善，起慚愧心，且意志堅定，就像有人沉溺大海，頭探出水面，就不再沉溺。之後多守戒律、修持布施、薰習善法、長養智慧，漸對這些善法信心不退、堅固不失，身見結、戒取結、疑結等三結煩惱斷盡，便證得初果須陀洹，想要永遠離開此生死大海，就必須登上岸去。正像沉溺於毒品

【80】《中阿含經》七法品水喻經第四（卷1），《大正藏》冊1，頁424下。

煙酒等的慣犯，有信心要戒除煙酒毒品，起了慚愧心，意志也很堅定，雖然毒淫、酒淫等來時，身心的煎熬痛苦難勘，但由於其決心和意志力戰勝毒淫，不再吸食。但是此時毒淫還在，為對治毒淫，該人多持守法規，多與人為善，多親近善友，多薰習聽聞善法，智慧漸生，充滿更生向上的力量，想要永遠脫離過去一直沉溺其中的毒品大海，就必需登上岸去，永遠脫離這個毒海圈子，才能盡除這些染污的惡習。

（七）或有人已至彼岸。第三譯本定義為

> 云何有人出已而住，住已而觀，觀已而渡，渡已至彼岸，至彼岸已，謂住岸梵志？謂人既出，得信善法，持戒、布施、多聞、智慧。修習善法，彼於後時信固不失，持戒、布施、多聞、智慧，堅固不失。住善法中，知苦如真、知苦習、知苦滅、知苦滅道如真，如是知、如是見，欲漏心解脫，有漏、無明漏心解脫。解脫已，便知解脫，生已盡，梵行已立，所作已辦，不更受有，知如真，是謂有人出已而住，住已而觀，觀已而渡，渡已至彼岸，至彼岸已，謂住岸梵志。猶人溺水，出已而住，住已而觀，觀已而渡，渡已至彼岸，至彼岸已，謂住岸人。我說彼人亦復如是，是謂第七水喻人。世間諦如有也。【81】

【81】《中阿含經》七法品水喻經第四（卷1）《大正藏》冊1，頁425上。

第七水人指長期沉溺在生死大海的無明煩惱眾生,有信心從善,起慚愧心,且意志堅定,就像有人沉溺大海,頭探出水面,就不再沉溺。之後多守戒律、修持布施、薰習善法、長養智慧,漸對這些善法信心不退、堅固不失,身見結、戒取結、疑結等三結煩惱斷盡,便證得初果須陀洹,想要永遠離開此生死大海,且已登上岸去,永遠不會在掉落此無明生死大海,永斷生死輪迴,得自在解脫。正像沉溺於毒品煙酒等的慣犯,有信心要戒除煙酒毒品,起了慚愧心,意志也很堅定,雖然毒淫、酒淫等來時,身心的煎熬痛苦難堪,但由於其決心和意志力戰勝毒淫,不再吸食。但是此時毒淫還在,為對治毒淫,該人多持守法規,多與人為善,多親近善友,多薰習聽聞善法,智慧漸生,充滿更生向上的力量,欲永遠脫離過去一直沉溺其中的毒品大海上岸去,如今終於上到安全的岸上,永遠不會再犯,且能現身說法,有力量協助其他更生人永遠斷除毒淫,做個利益社會有用的人。

　　上述佛說的「七水人喻」,在修道上所以能由凡成聖、滅除我法二執的煩惱、得究竟解脫,關鍵在於有慚愧心的生起,就是自覺心的啟動,才能「自覺」、「覺他」、「覺行圓滿」。對於時下懈怠散漫的修道人,也有教化提醒的作用,這些暫時迷失的修道人,同樣需要靠自覺生起慚愧,才能精進向上、遠離惡法。對於一般沉迷五欲六塵,尤其染上藥物濫用、貪贓枉法、偷竊嫖賭等惡習者,更需由衷發起自覺,生慚愧心、堅定意志、更生做人,這就是所謂的「自覺教育」。

而「自覺」就是一種自我教育，佛經講：「自依止、法依止、莫異依止」，就是自我教育。所謂「自我教育」，就是要自我要求、自我學習、自我充實、自我反省，而不是只想依頓別人。平時自問、自覺、自發、自悟，透過自我的觀照而能找到自己，這就是自我教育成功。人要靠自己自知、自覺、自悟，才能成功，別人的幫助終究有限。【82】不管是善法的成就如教育、修行等，或是惡法的斷除如毒癮、竊盜等，都非靠自覺不可，猶如本經所談的「七水人喻」。我們可藉助此譬喻帶領社會大眾對每個過程做客觀且深入的分析探討，進一步做反觀自照的自我省察，必能更清楚看到自己的不良習性和問題癥結，就是一種自覺的自我教育。

　　在協助戒毒學員、憂鬱症患者等的療癒過程中，可以採用「七水人喻」做為教材，與患者就每個階段做客觀仔細的分析後，在引導他們反觀自照，自我檢視毒癮生起和憂鬱症發時整個過程的身心狀況和變化，如此將有助於自覺心的開發和療效。

五、結論

　　「譬喻」是釋迦牟尼佛常用的說法方式之一，故常出現在大部分經典中。有些佛經是以譬喻為主並以之立名，如

【82】參閱星雲，《當代人心思潮》，臺北：香海文化事業有限公司，頁174-175。

《撰集百緣經》、《賢愚經》、《雜寶藏經》和《大莊嚴論經》等，故較多學者針對這幾部經從事學術研究。而《佛說鹹水喻經》只是《中阿含經》和《增一阿含經》中的一部小經，也只提到單一的七水人喻，就是佛以水為喻，為比丘說解脫之道的七個過程。

然而從這部小經三異譯本的比較分析，卻有如下三項重大的發現：

1.第一譯本「水喻七事」，第二譯本則為「七事水喻，人亦如是」，多加了「人亦如是」，到了第三譯本就由八字簡化為「七水人」，顯然由事顯理，直入事即理的結合。

2.同一部經所以一譯再譯，無異乎尋求信達雅，適合當時時代使用。如本經的每個譯本都反應出當時的社會時勢——魏晉南北朝時代，佛經漢譯採用「口語／語體文」，少用「書面語」。可見譯經筆法和遣詞用字也隨著文明的進步愈趨向現代化和人間性，好比到了唐宋就有使用白話文了。【83】

3.後譯版本常成了前譯版本的註釋書。

綜上所述，《佛說七水人喻》原是佛為有情生命活動的情況分有七種類。因無慚、無愧而起惑造作惡業而長期沒溺苦海中，如三惡趣者。若慚愧時有、時無，行善行惡不定，

【83】《漢語大辭典》：「白話，它是唐、宋以來在口語的基礎上形成的，起初只用於通俗文學作品，如「唐」代的變文，宋、元、明、清的話本、小說等，及宋、元以後的部分學術著作和官方文書。」

或時在人天善趣，或時處於三惡趣中，在海中時浮、時沉者。有慚、有愧，有正見尋覓、有正志、有勇猛意、謀求出離苦海，相當於七賢四善根位者。第四~第七譬喻已見道，修習三無漏學，乃至作證四沙門果位者的歷程。如今卻能說明時下各種藥物濫用、惡習雜染的身心煩惱困境，進一步還能用來協助社會上染有煙酒、毒品、偷竊、嫖賭、貪瀆、詐欺等惡習者的更生問題的輔導。可見時空雖歷千古，人性卻不變。釋尊怎會料到其兩千多年前指導比丘修道用的善巧譬喻，歷千古而不衰，不但能用來闡釋解決各種社會人性污染惡習的問題，其中蘊含的「自覺教育」還是當前教育的根本所在呢？可見本經「七水人喻」雖只是佛教九類譬喻的一種，內容也簡短微不足道的小譬喻，不但能做為修道上的引導，對現代生命教育和當前各種社會問題也具有時代教化功能。足見佛教譬喻是超越時空，不但可以現代詮釋學說明之，且深具時代意義和價值的。

　　（本論文部分發表於2009年3月31日「第二屆世界佛教論壇」佛光大學「佛教的現代性」分壇，論文集頁111-120。）

參考書目

一、原典

後漢・安世高譯，《五陰譬喻經》，《大正藏》冊2，no.105。

後漢・支婁迦讖譯，《雜譬喻經》，《大正藏》冊4，no.204。

吳・支謙譯，《菩薩本緣經》，《大正藏》冊3，no.153。

吳・支謙譯，《撰集百緣經》，《大正藏》冊4，no.200。

吳・康僧會譯，《六度集經》，《大正藏》冊3，no.152。

西晉錄，《佛說鹹水喻經》，《大正藏》冊1，no.29。

東晉・瞿曇僧伽提婆譯，《中阿含經》《水喻經》，《大正藏》冊
　　1，no.26。

東晉・竺曇無蘭譯，《泥犁經》，《大正藏》冊1，no.86。

東晉・佛陀跋陀羅譯，《大方廣佛華嚴經》，《大正藏》冊9，
　　no.278。

東晉・佛陀跋陀羅譯，《觀佛三昧海經》，《大正藏》冊15，
　　no.643。

東晉・佛陀跋陀羅譯，《大方等如來藏經》，《大正藏》冊16，
　　no.666。

晉・沙門法炬共法立譯，《法句譬喻經》，《大正藏》冊4，no.
　　211。

作者不詳，或謂聖勇，《菩薩本生鬘論》，《大正藏》冊3，
　　no.160。

前秦・曇摩難提譯，《增壹阿含經》，《大正藏》冊2，no.125
　　（39.3）。

姚秦・鳩摩羅什譯，《大莊嚴論經》，《大正藏》冊4，no.201。

姚秦・鳩摩羅什譯，《金剛般若經》，《大正藏》冊8，no.235。

姚秦・鳩摩羅什譯，《佛説仁王般若波羅蜜經》，《大正藏》冊
　　8，no.245。

姚秦・鳩摩羅什譯，《妙法蓮華經》，《大正藏》冊9，no.262。

姚秦・鳩摩羅什譯，《維摩詰所説經》，《大正藏》冊14，
　　no.475。

後秦・鳩摩羅什譯，《大智度論》，《大正藏》冊25，no.1509。

後秦・僧肇撰，《注維摩詰經》，《大正藏》冊38，no.1775。

北涼・曇無讖譯，《大般涅槃經》，《大正藏》冊12，no.374。

北涼・曇無讖譯，《優婆塞戒經》，《大正藏》冊24，no.1488。

劉宋・求那跋陀羅譯，《雜阿含經》卷十五（406經），《大正
　　藏》冊2，no.99。

劉宋・求那跋陀羅譯，《楞伽阿跋多羅寶經》，《大正藏》冊16，
　　no.670。

蕭齊・求那毘地譯，《百喻經》，《大正藏》冊4，no.209。

梁・慧皎撰，《高僧傳》，《大正藏》冊50，no.2059。

元魏・慧覺等譯，《賢愚經》，《大正藏》冊4，no.202。

元魏・吉迦夜共曇曜譯，《雜寶藏經》，《大正藏》冊4，
　　no.203。

元魏・菩提流支譯，《金剛般若經》，《大正藏》冊8，no.236。

後魏・勒那摩提譯，《究竟一乘寶性論》，《大正藏》冊31，
　　no.1611。

隋・智頤譯，《妙法蓮華玄義》序王，《大正藏》冊33，
　　no.1716。

隋・費長房撰，《歷代三寶紀》，《大正藏》冊49，no.2034。

唐・義淨譯，《佛說譬喻經》，《大正藏》冊4，no.217。

唐・玄奘譯，《大般若波羅蜜多經》，《大正藏》冊5，no.220a。

唐・玄奘譯，《攝大乘論本》，《大正藏》冊31，no.1594。

唐・善無畏、一行譯，《大毘盧遮那成佛神變加持經》，《大正
　　藏》冊18，no.848。

唐・湛然述，《法華玄義釋籤》，《大正藏》冊34，no.1717。

二、中文專書

丁敏，《佛教譬喻文學研究》，中華佛學研究所論叢8，臺北：東
　　初出版社，1996。

朱慶之，《佛典與中古漢語詞彙研究》，臺北：文津出版社，
　　1992。

星雲，《當代人心思潮》，臺北：香海文化事業有限公司，2006。

郭良，《佛教譬喻經文學》，《南亞研究》第2期，1989。

梁麗玲，《〈雜寶藏經〉及其故事研究》，臺北：法鼓文化，
　　1998。

梁麗玲，《〈賢愚經〉研究》，台北：法鼓文化，2002。

梁曉虹，《佛教詞語的構造與漢語詞彙的發展》，北京：北京大學
　　　語言學院出版社，1994。

顏洽茂 ，《佛教語言闡釋：中古佛經詞彙研究》，杭州：杭州大
　　　學出版社，（繁體字版：佛光山文教基金會「中國佛教學
　　　術論典64」），1997。

慈怡主編 ，《佛光大辭典》，高雄：佛光出版社，1988。

羅竹風主編，《漢語大辭典》，台北：商務印書館，1993。

三、中日文期刊及學位論文

丁敏，〈譬喻佛典之研究——撰集百緣經、賢愚經、雜寶藏經、大
　　　莊嚴論經〉，《中華佛學學報》4，1991，頁75-120。

水野弘元著，許洋主譯《佛教文獻研究》，〈中華佛學研究所論叢
　　　系列〉，臺北：法鼓文化，2003。

出本充代，〈『撰集百緣經』の譯出年代について〉，《パーリ學
　　　佛教文化學》8，（1995年5月），頁99-108。

東元慶喜，〈佛典に見える譬喻の種類〉，《印度學佛教學研究》
　　　7卷1號，（1968年12月），頁374-377。

陳明書，《世界宗教研究》2001年增刊，其修改稿載北京大學東方
　　　文學研究中心編《東方文學研究通迅》，第1期，2002。

梁麗玲，〈《撰集百緣經・餓鬼品》研究〉，收於《冉雲華先生八
　　　秩華誕壽慶論文集》，冉雲華先生八秩華誕壽慶論文集編

輯委員會，臺北：法光出版社，2003。

梁麗玲，「《出曜經》的動物譬喻」，潘重規教授百年誕辰紀念學
　　術研討會論文集，潘重規教授百年誕辰紀念學術研討會籌
　　備會、國立臺灣師範大學國文學系，2006。

梁曉虹，〈佛經譬喻造詞之特色〉，《語文建設通訊》33，1991。

梁曉虹，〈佛典的譬喻〉，《文化知識》（1993年1月）號。

梁曉虹，〈從語言上判定《舊雜譬喻經》非康僧會所譯〉，《佛教
　　與漢語詞彙》，高雄：佛光文化事業有限公司，2001。

林韻婷：《雜阿含經譬喻故事研究》，臺北：玄奘大學宗教學系碩
　　士論文，2005。

四、西文專書、論文

雷可夫（George Lakoff）與詹生（Mark Johnson）合著。《我們
　　賴以生存的譬喻》（*Metaphors We Live By*）. Chicago :
　　University of Chicago Press, 1980.

Lin, Mei-feng （Yung Dong）, 2005. *The Origin of Bodhicitta and Its
　　Development in Chinese Buddhism,* LA: Hsi Lai University
　　Press.

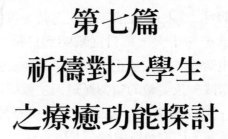

第七篇
祈禱對大學生
之療癒功能探討

壹、緒論

　　這幾年筆者在輔導大專學生及與其互動中，鑒於少子化科技時代的青年學子易傾向自我本位主義和沉迷電玩虛擬世界，形成人際關係的疏離、不堪外境挫折的打擊，此時又沒有宗教信仰的依靠，極易導至罹患自閉症、憂鬱症或躁鬱症，甚至以自殺收場。故從97-2學期起，每學期當筆者在教授通識課程「宗教與信仰」介紹到宗教行為時，就各宗教間最普遍的「祈禱」設計結構式開放性問卷讓學生填寫，以充分瞭解大學生對於「祈禱」的知、經驗和其療癒功效，以及是否能做為心理諮商輔導的方法？

　　環顧世界各種宗教，祈禱是所有宗教行為中最普遍存在的現象，迄今少見有宗教信仰者未曾有祈禱的經驗。「祈

禱」一詞，是宗教的修持儀式之一。世界上的各個宗教皆有其專屬的宗教儀禮，例如：佛教的朝山指佛教徒至名山大寺進香，以懺除業障或還願的朝禮行為。回教的齋戒指回教曆的第九個月，為回教徒成年齋戒之時。每逢此大齋之月，則持續廿八至三十天，每日從黎明到日落，食物、飲水、抽菸、性生活等，均在禁止之列。所有身心健康的成年人，都要按此齋戒。天主教的望彌撒是天主教徒為紀念耶穌「最後的晚餐」所作的儀式，意即向天主供奉的神聖獻祭等，唯「祈禱」為一切宗教所遵行。【1】

　　有關「祈禱」的學術研究以西方宗教的西文論文和著述為主，數量相當龐大，單由MELVYL網所搜集涉及祈禱的期刊和碩博士論文就有340篇。而以中文探討祈禱並與本研究相涉的專書有兩部、碩士論文有五篇，其中只有三篇與本研究較有相關。下列將分為中、英文論文、期刊和中、英文書籍兩項來分析陳述相關文獻：

一、論文

（一）中文

　　三篇與本研究較有相關分別探討西方宗教祈禱經驗、基

【1】星雲，《佛光教科書》第十冊〈宗教概說〉第十九課〈宗教祈禱的意義〉，高雄：佛光出版社，1999，頁201-205。

督教諮商心理師的禱告經驗與脈絡以及美國公立學校的宗教禱告活動，分述如下：

1.王永成，〈天主教聖神同禱會祈禱經驗之研究－以南部某地區的聖神同禱會活動及其成員為例〉

本研究旨在探討祈禱經驗的發生以及祈禱的果實為目標，並以南部某地區的聖神同禱會成員十一人為研究對象；透過宗教現象學的方法，從各種活動的參與觀察與深度訪談，對祈禱經驗發生的本質進行研究。研究者為在可意識到的祈禱行為之前，原生性的祈禱已不斷的在進行著，它可能是來自於不安以致於產生求援的訴說，或是來自寬心而產生感恩的訴說，或是以平常心去進行與維持好關係的訴說；而這些不同訴說的本質都是來自「宗教的不安感」，這是一種懼怕與超自然力量分離的不安。聖神同禱會成員，不論在個人的靈修或團體的祈禱中，都是一直在處理這種「安」與「不安」的問題，而其中舌音祈禱的掀啟力量、對神聖與魔性的直覺感覺能力，都扮演了在處理中的關鍵性角色。

其次，祈禱經驗的原初果實，與別於一般所謂的「祈禱有效無效」「祈禱的精神價值」，它是一種「神聖的價值」。祈禱，基本上使人進入了安全的地帶，其次可能提升至幸福的神秘領域，而在棄絕自己的感官，任由聖神帶領時，就可能進入迷人的密契界域。「迷人」的果實具有強烈的動力，足以使人產生祈禱的狂熱。本研究探討的結果是一種普遍性的「祈禱的本質」、「神聖的價值」，這種本質的揭顯，可提供人們察覺自身內在不安的騷動以及祈禱的真正

意義，並反思處理的途徑。【2】

　　本論文雖以既有相同信仰的聖神同禱會宗教團體為研究對象，與筆者本論文研究對象的大學生或有不同宗教信仰或無宗教信仰屬性截然不同，但其對探討的結果的「祈禱的本質」、「神聖的價值」是一種普遍性可供研究參考。

　　2. 陳珮怡，〈基督徒諮商心理師運用祈禱在諮商工作中的脈絡探討〉

　　本研究目的在探討基督徒諮商心理師如何運用祈禱在諮商工作脈絡，透過訪談三位基督徒諮商心理師，從宏觀角度描寫基督徒諮商心理師禱告經驗與脈絡。本研究以Hycner（1985）現象學分析法，分析基督徒諮商心理師在基督信仰態度、心理諮商態度，諮商中禱告時機、目的、方式之間異同及諮商中禱告影響為何。該研究結果發現：（1）基督徒諮商心理師基督信仰與心理諮商態度會影響諮商中祈禱運用的態度。（2）禱告過程能滿足個案靈性需求。（3）諮商中祈禱受限於諮商倫理與諮商機構性質。（4）祈禱行為開拓另一個治療空間。（5）諮商中禱告是一種自助與他助資源。可見祈禱行為在諮商工作中

【2】王永成，〈天主教聖神同禱會祈禱經驗之研究－以南部某地區的聖神同禱會活動及其成員為例〉，A Study of the Prayer Experiences in a Catholic Charismatic Prayer Group--With the Movements and Members of a Charismatic Prayer Group at a District of South Taiwan as Examples，南華大學宗教研究所碩士論文，95。

運用有其限制及效益之處。【3】

　　本論文雖亦訪談三位有信仰且專業的基督徒諮商心理師，探討其基督信仰態度、心理諮商態度，諮商中禱告時機、目的、方式之間異同及諮商中禱告的影響。對本研究最後欲導向輔助學校心輔人員對學生的輔導工作卻有參考價值。

　　3. 洪乾祐，〈美國公立學校宗教活動之研究--以閱讀聖經及禱告為例〉

　　本論文旨在探討美國公立學校宗教活動的合法性，自從美國聯邦最高法院於一九六二年及一九六三年宣告於公立學校內由校方規定學生禱告及閱讀聖經是違憲之後，在公立學校中實施宗教教育則有所爭議。因為公立學校所提供的義務教育，事實上是一種強制形式的教育，若有宗教涉入，不單會引發政府是否以公帑資助某一宗教的困擾，也會造成學童被迫接受該宗教的情形。這樣的問題在未來仍然會在美國的公立學校發生，因此找出適合的解決方式，應該是校方、州以及政府都需要去用智慧去處理的。【4】

　　本研究只舉祈禱來討論美國公立學校宗教活動的合法性，雖然亦是針對學校學生的宗教活動，並未涉及筆者欲深

【3】陳珮怡，〈基督徒諮商心理師運用祈禱在諮商工作中的脈絡探討〉，臺北市立教育大學心理與諮商學系碩士論文，95。

【4】洪乾祐，〈美國公立學校宗教活動之研究—以閱讀聖經及禱告為例〉（American Public School's Religious Education--A Case Study of Bible Reading and Prayer），淡江大學美國研究所碩士論文，93。

入探討有關祈禱對學生引發的影響，故無參考價值。

（二）英文

　　探討祈禱的英文論文數量雖然很多，但不出宗教信仰培養、祈禱方法研究、身心疾病醫療、祈禱功能探討等四類，其中以身心疾病醫療比例占半數以上。將各舉幾篇代表於下。另外，Hartwick, James的博士論文〈檢討威斯康辛公立學校教師的精神、宗教與祈禱生活：教師的內在生活〉（An investigation into the spiritual, religious, and prayer lives of Wisconsin public school teachers: The inner life of the teacher）最為有趣，並與筆者的研究互相呼應。該論文探討威斯康辛公立學校教師的精神、宗教與祈禱是否提升其教學品質？【5】

　　1.宗教信仰培養：討論所以祈禱是為培養宗教信仰的論文有四篇如下：

　　（1）Paik, Miyoung 的博士論文*Becoming alive with prayer: Connecting with God through a multi-faceted approach to prayer;* 【6】（2）Yi, Sun Mi 的博士論文*Spiritual growth*

【5】Hartwick, James, *An investigation into the spiritual, religious, and prayer lives of Wisconsin public school teachers: The inner life of the teacher,* The University of Wisconsin - Madison, Wisconsin 2004.

【6】Paik, Miyoung, *Becoming alive with prayer: Connecting with God trough a multi-faceted approach to prayer,* Dissertation, Drew University, New Jersey, 2008.

through the tabernacle type prayer training; [7] （3）Thralls, Chad R.的博士論文 *Ann Belford Ulanov's use of psychology in interpreting the spiritual life: Her contribution to the psychology of prayer;* [8] （4）Kim, Hak Jong的博士論文*Effecting changes in spiritual growth through teaching during the early morning prayer time,* Oral Roberts University, Oklahoma 2006. [9]

　　2.祈禱方法研究：有如下四篇代表性論文。

　　（1）Lee, Chang Woo 的博士論文*Increasing knowledge about prayer in a small group;* [10]（2）Morton, Kirk的博士論文*The discipline of prayer for spiritual maturity, church growth and general blessings in the Cathedral church;* [11]（3）Haavik, Charles Elias的博士論文*Joyful in my house:*

[7]Yi, Sun Mi, *Spiritual growth through the tabernacle type of prayer training,* Dissertation, Oral Roberts University, Oklahoma, 2008.

[8]Thralls, Chard R., PhD, *Ann Belford Ulanov's use of psychology in interpreting the spiritual life: Her contribution to the psychology of prayer,* Dissertation, The Catholic University of America, District of Columbia, 2007.

[9]Kim, Hak Jong, Effecting changes in spiritual growth through teaching during the early morning prayer time, Oral Roberts University, Oklahoma 2006.

[10]Lee, Chang Woo, D.Min., *Increasing knowledge about prayer in a small group,* Oral Roberts University, Oklahoma 2005.

[11]Morton, Kirk, D.Min., *The discipline of prayer for spiritual maturity, church growth and general blessings in the Cathedral church,* Drew University, 2004.

Introducing postmoderns to the life of prayer.【12】此篇論文主要介紹後現代人的祈禱生活；（4）Breneman, Janet Marie的博士論文*Guatemalan Mennonite women at prayer: Religious heritages and social circumstances shape the prayers of Ladina and Q'eqchi' women.*【13】此論文旨在探討社會環境對女性祈禱儀式的影響。

　　3.身心疾病醫療：此類論文相當多，在此只能舉較代表性的七篇論文為例，第一至第四篇都是祈禱對治疾病療護的通論，略述如下：

　　（1）Aronson, Judith的博士論文*Praying in face of life-threatening illness;*【14】（2）Spring, Heather Joy的博士論文*God: A grounded theory of prayer in illness;*【15】（3）*Colletti, Peter*的博士論文*The efficacy of intercessory prayer in healing*, Saint Mary Seminary and Graduate School of Theology,

---

【12】Haavik, Charles Elias, D.Min., *Joyful in my house: Introducing postmoderns to the life of prayer,* Assemblies of God Theological Seminary, Missouri , 2006.

【13】Breneman, Janet Marie, D.Min., *Guatemalan Mennonite women at prayer: Religious heritages and social circumstances shape the prayers of Ladina and Q'eqchi' women,*Lancaster Theological Seminary, 2004.

【14】Aronson, Judith, Ph.D., *Praying in face of life-threatening illness,* Institute for Clinical Social Work （Chicago）, Illinois 2008.

【15】Spring, Heather Joy, Ph.D., *God: A grounded theory of prayer in illness,* University of Florida, 2002.

Ohio 2007;【16】（4）Richardson, Recco S.的博士論文*The effects of prayer and glossolalia on the mental health status of Protestants;*【17】（5）Shin, Soo Gill 的博士論文*Experiencing inner healing through confession and prayer.*【18】此篇論文主要探討懺悔與祈禱的內在療癒經驗；（6）Meraviglia, Martha Gene的博士論文*The mediating effects of meaning in life and prayer on the physical and psychological responses of people experiencing lung cance.*【19】此篇論文屬於肺癌患者透過生命意義與祈禱的禪修對身心反應的個案研究；（7）Kiehne, Anne-Marie的博士論文*The lived experience of nurses who pray for their patients: A phenomenological inquiry.*【20】此篇論文探討護士為其病人祈禱的實際經驗。

　　4. **祈禱功能探討：**此類論文唯有，是 Morris, Margaret

【16】Colletti, Peter, D.Min., *The efficacy of intercessory prayer in healing ,* Saint Mary Seminary and Graduate School of Theology, Ohio 2007.

【17】Richardson, Recco S., Ph.D., *The effects of prayer and glossolalia on the mental health statue of Protestants* Walden University, Minnesota 2008.

【18】Shin, Soo Gill, D.Min., *Experiencing inner healing through confession and prayer,* Oral Roberts University, Oklahoma 2006.

【19】 Meraviglia, Martha Gene, Ph.D.,*The mediating effects of meaning in life and prayer on the physical and psychological responses of people experiencing lung cancer,* The University of Texas at Austin, Texas 2001.

【20】Kiehne, Anne-Marie, Ph.D., *The lived experience of nurses who pray for their patients: A phenomenological inquiry,* Temple University, Pennsylvania 2004.

Alyse的博士論文 *The effectiveness of prayer in coping: An African American female perspective.* [21] 是從一位非裔美國女性的觀點來看祈禱適應在日常生活中的成效。

二、期刊

John F Baker出版的英文週刊Uncommon prayer. 1999, 5,15 刊載編輯Phyllis Tickle每天生活中的祈禱紀錄，稱為 "Prayer Is a Place." [22] 是活生生的祈禱經驗的陳現。

上述諸多面向有關祈禱的西文論文主要以西方人士基督信仰為主，既無涉及東方宗教，也沒有觸及宗教信仰未定的大專學生，故對筆者此研究的參考價值非常有限。

三、專書

（一）中文

以中文探討祈禱並與本研究相涉的專書有兩部簡介如下：

---

[21] Morris, Margaret Alyse, *Ph.D.,* The effectiveness of prayer in coping: An African American female perspective, Oklahoma State University, Oklahoma 2006.

[22] John F Baker, Uncommon prayer, New York: Mar 15, 1999. Vol. 246, Iss.11; pgs. 1,16.

1. 星雲，《佛光教科書》第十冊〈宗教概說〉

本書第十九課〈宗教與祈禱〉就世界各主要宗教的祈禱起源、意義、方式和目的做了結集、整理和說明，省去本研究的重複搜尋工作。

2. 喬·維泰利（Joe itale）、伊賀列卡拉·修·藍博士（Ihaleakala Hew Len, PhD.）著；宋馨蓉譯，《零極限──創造健康、平靜與財富的夏威夷療法》*Zero Limits The Secret Hawaiian System for Wealth, Peace, and More.*

本書為大多數人祈禱時並不相信上帝會聽到他們的話，或者他們會真正得到幫助。多數人是在感到絕望的時候祈禱，這就表示他們會吸引更多他們正在感受的東西：更多絕望。並指出祈禱透過懺悔、原諒到轉化能導向覺醒，共有三階段：第一階段：你是受害者；第二階段：你有了掌控權；第三階段：你開始覺醒。[23]本書並探討懺悔與原諒和潛意識、意識、超意識到大我意識轉化的關係，並結合東西方宗教的神性和空性以及大我思想，是本論文主要參考文獻。

迄今仍未見探討極少有宗教信仰的大學生的祈禱行為與其療效。故本研究以文獻觀察和開放性結構式問卷調查的兩種質性研究方法為主，針對佛光大學97-2和98-1兩學期選修筆者教授的通識「宗教與信仰」課程大一和大四共89位學

---

[23] 喬·維泰利、伊賀列卡拉·修·藍博士著；宋馨蓉譯，《零極限──創造健康、平靜與財富的夏威夷療法》*Zero Limits The Secret Hawaiian System for Wealth, Peace, and More,* 方智出版社，2009。頁229，248-249。

生為對象，就其祈禱經驗的本質做比較研究，以瞭解宗教祈禱對時下大學生產生的療癒功能和價值。本論文共分為四部分：第一部分緒論；第二部分祈禱起源與發展：第三部分分析與詮釋；第四部分結論與建言。

貳、祈禱起源發展與問卷信效度

　　祈禱是主動和神、神靈或靈性的個體溝通來讚美、祈求、懺悔或者僅僅只是表達自己的思想或願望。又作禱告、祈願、祈念、祈請、心願等。祈禱行為究竟起於何時？為何而起？有何發展演變？

一、祈禱的起源

　　追溯祈禱的根源，中國傳統民間的習俗，如：蠟祭又名臘祭。為年終報謝神靈、慶祝豐收的節日活動，日期是十二月八日。主祭者在神靈前宣唱祝禱詞，感謝天地神祇，並以歌舞祝頌，以此慶祝豐收。慶賀以喜慶豐收並祈祝平安幸福為主要內容。在民間大多屬於全民性的大型活動。如先秦即有「春天祭日，秋天祭月」的禮制。其中立春時舉行的「迎春大典」，各種的儀式活動，都帶有祈福消災的寓意。民間中秋節各家各戶都要設「月光位」，在月出的方向「焚香拜月」，對此祈禱，表達心願等，都含有向神祇祈禱，以除災增福的儀式，君王也有宗廟祭，宗廟又稱太廟，曰供奉

祖先的廟。歷代君王都為君權是天神授與、承襲祖先獲得的。因此把宗廟當成是國家的象徵。宗廟祭祀活動很多。有每月初一的月祭，有春夏秋冬的四時之祭等，儀禮十分的繁瑣，有舉號、迎神、上香、讀祝文、進獻等的活動，以求國泰民安。印度自吠陀時代起，為除災治療而行咒術祈禱之法頗盛，中國自古亦有祈禱天神地祇之風。佛教本未實行此法，然誓願、本願之思想與造塔、誦經之功德、回向等均有所關連，而為求取佛力之加護，遂有功德之說與除災之說。中國自西晉太康六年（285年），竺法護譯出四卷《海龍王經》【24】，其後，僧伽婆羅、玄奘、實叉難陀、菩提流志等相繼譯出密教諸經，持咒祈禱之法漸盛。唐太宗之時，敕令京城沙門於每年正月、七月祈禱秋收，又於每月二十七日轉讀仁王經以祈求國福，至此，歷代朝野益加重視祈禱之修法。宋代以後，大規模舉行祈雨、祈晴與祈雪、祈疫、祈日月蝕之修法不乏其例。又密教之祈禱以與本尊之三密相應為要法，即祈禱之時，口誦諸尊之密咒，手結印契，心凝瑜祇之觀，如是即能令行者滿願，此類修法適用於天變、地妖、寇賊、疾病等各種災變。【25】

　　中國的懺法起於晉代，至隋唐大為流行。西晉的道安大師，曾著四時禮文，並嚴供五悔，即懺悔、勸請、隨喜、

【24】西晉‧竺法護譯，《海龍王經》，《大正藏》冊15，no.598，頁131-156。

【25】星雲，《佛光大辭典》頁3922上中。參閱《宋高僧傳》卷一、《大唐西域記》卷二、《佛祖統紀》卷五十二、《禪林象器箋》〈報禱門〉。

回向、發願文辭，天下學者起而效之。歷代的懺法，廣為流行的有，梁武帝敕修的《梁皇寶懺》【26】、智顗的《法華懺法》【27】、唐悟達國師的《慈悲水懺》【28】、明末智旭的《地藏懺法》【29】、清初見月讀體的《悲懺》【30】、清初仁庵義禪師的《藥師懺》【31】等，凡報親恩祈求冥福，多禮此懺。「發願文」修善作福之際，告白發願意趣的文辭。又作祈願文、發願文。如於建寺塔、造經像、設齋、修法等之時，記述施主發願之文。此風起源甚早，中國南北朝時的小銅像，其光背或臺座等，有為死亡的親族追薦功德而刻的造像記，即屬願文的一種。《廣弘明集》中收錄的願文頗多，如千僧會願文（沈約）、周經藏願文（王褒）、北齊遼陽山寺願文（盧思道）等。【32】又若於結願之日唱誦願文，則稱

【26】梁・武帝敕修，《梁皇寶懺》，《大正藏》冊49〈釋氏稽古略〉（卷2），no.2037，頁795上。

【27】隋・智顗撰，《法華三昧懺儀》，《大正藏》冊46，no.1941，頁949中。

【28】唐・悟達國師撰，《慈悲水懺》，《大正藏》冊45，no.1910，頁968下。

【29】明・智旭撰，《地藏懺法》，《卍續藏》冊74, no.1486。

【30】清・見月讀體撰，《悲懺》，《大正藏》冊49〈佛祖歷代通載〉（卷18），no.2036，頁663上。

【31】清・仁庵義禪師撰，《藥師懺》，全稱《藥師三昧行法》一卷，略稱《藥師懺》，是根據《藥師如來本願功德經》而作的一種懺法。清初禪師自揚州齋歸杭州顯寧寺，經天溪大覺寺受登刊定，以定名、勸修、方法、釋疑四項，釋此懺法，遂盛行於江南。

【32】唐・道宣撰，《廣弘明集》，《大正藏》冊52，no.2103，頁97-362。

為結願文；願文如以偈文簡述者，稱為咒願文。如南朝梁代沈約的千僧會願文、隋代智者大師的發願文、善導大師的發願文等皆是。「回向偈」又作回向文。乃課誦或法會結束時，將讀經的功德回向於自他或死者，使其成佛往生之文。例如：《法華經‧化城喻品》所載之偈：「願以此功德，普及於一切，我等與眾生，皆共成佛道。」【33】另如唐‧善導大師的〈觀經玄義分〉序偈：「願以此功德，平等施一切，同發菩提心，往生安樂國。」【34】皆為一般常唱誦的回向文。回向文除短句外，亦有長文者。如龍樹的「往生禮讚偈」等。近代佛光教團奉行的「佛光四句偈」，即：慈悲喜捨遍法界，惜福結緣利人天，禪淨戒行平等忍，慚愧感恩大願心等，除了讚頌三寶的功德，感恩眾緣成就之外，更進一步的自我要求，自我淨化。因此，佛教的祈禱實含有「祈願祝禱」的另一層深刻意義，信徒透過和佛、菩薩的感應道交，與聖賢往來親近的宗教儀式，令人心生慚愧，改往修來，立下濟世的宏願。【35】

（一）祈禱的方式

　　祈禱雖為各宗教所倡行，然而不同的宗教對於祈禱的形式與訴求，都有不同層次的內涵。於祈禱的形式上，祈禱

【33】姚秦‧鳩摩羅什譯，《妙法蓮華經》，《大正藏》冊9，no.262，頁24下。

【34】唐‧善導撰，〈觀無量壽佛經疏〉（卷一），《大正藏》冊37，no.1753，頁246上。

【35】星雲，《佛光教科書》第十冊〈宗教概說〉第十九課〈宗教與祈禱〉，頁202。

的地點，可以在公開的集會，也可以在家居的聯誼中進行；
祈禱的時間，可以是日常固定的，也可以是方便隨興；祈禱
的程式可以是團體共修的，也可以是私人密行；祈禱的次數
可以一日一次，也可以一日數次；祈禱的儀式可以在內心默
禱，也可以大聲的朗誦。正統的猶太教和回教每天有個人的
祈禱之外，另增加每星期的公開祈禱；天主教則每天要向天
主禱告，並須參加每星期的禮拜聚會。佛教徒每天的早晚
課誦及共修法會，都是自利利他的祈禱，如課誦前的「香
讚」，香讚的由來，起於古印度奉行「三啟」儀制，當時普
遍諷誦馬鳴所作的讚佛詩歌（即《佛所行讚》【36】），故首
先頌揚馬鳴所集的讚佛詩文，其次正誦佛經，後陳述回向發
願。全部過程為「節段三開。故稱三啟。經了之時，大眾
同聲念「蘇婆師多」或「娑婆度」（讚歎經文為微妙語之
意）。故我國古今法事念誦的基本儀制，亦為此「三啟」式
念誦法；無論舉行任何法事，皆先安排讚（香讚或讚偈），
次文（經咒本文、有關儀文等），末了回向發願（或偈或
文，或偈文兼舉）。目前於寺院的香讚，有平時的「爐香
讚」、初一和十五的「寶鼎讚」和「戒定真香」及消災法會
的「藥師讚」、超度法會的「蓮池讚」等。及課誦結束後的
「回向偈」等，都是祈求一切眾生消災免難，福壽綿長，並
祈禱世界和平，人民安樂。【37】

【36】馬鳴菩薩造，北涼・曇無讖譯，《佛所行讚》，《大正藏》冊4，no.192，頁10下。

【37】星雲，《佛光教科書》第十冊〈宗教概說〉第十九課〈宗教與祈禱〉，頁203。

公開祈禱，一般有特定的時間和地點，例如：回教徒星期五中午在清真寺，耶穌教徒則於星期天上午在教堂內。反之，私禱可以在任何時間、任何地點進行，只是一般人大都為祈禱必須面對祭壇或聖像更有效益，例如回教徒祈禱時便須面向聖地麥加。然而佛教為佛陀的法身遍滿虛空，無所不在，因此可以在佈置莊嚴的佛堂裏祈願，也可以在空曠的山林水邊祝禱，或是家中的客廳、臥室，無處不可，重要的是在於心中有佛。

祈禱時可以站著、坐著、跪著或跪拜，可以雙手合十，也可以手持經書、念珠等。早期的耶穌徒就曾以念珠結合下跪和俯拜等方式作禱告；猶太教徒則配以祈禱用的披肩；回教徒更以畫有圖案，象徵神聖場所的小地毯，表達內心的虔敬。

祈願既可為自己，也可以為他人祝禱。祈禱的意義很多，包括祈求、感恩、懺悔和祈願。一般人以祈求為多，例如求健康、求財富、求平安，或是祈求寬恕等，含有懺悔的意義。耶穌教則于三餐用飯時，為感恩主耶穌賜與飲食而祈禱；佛教則以三稱念，於三餐過堂時稱念「供養佛，供養法，供養僧，供養一切眾生」。五觀想即食存五觀：計功多少，量彼來處；忖己德行，全缺應供；防心離過，貪等為宗；正視良藥，為療形枯；為成道業，應受此食。【38】普同供養一切法界眾生，並且普皆回向，利樂一切有情。因此，

【38】元・德煇重編，《敕修百丈清規》（卷六），《大正藏》冊48，no.2025，頁1145上。

對佛教徒而言，祈禱含有慚愧懺悔、發心立願、感恩回向等積極意義。【39】

（二）祈禱的目的

　　一般的祈禱，多以求福袪禍為目的，將信仰的物件視為「有求必應」萬能的神，人們相信用膜拜、獻祭、讚頌等，能夠得到神的恩惠和賜與。佛教的祈禱之道，不是表相的宗教儀禮，而是建立在「人有誠心，佛有感應」的基礎上，更藉由祈禱的橋樑，與佛、菩薩的親近往來，令人知過遷善，學習聖賢的願行。佛教以緣起做為印證人生的真理，主張自業自受，不應把祈禱視為奇特的工具，滿足我們現實所求。祈禱是神聖純潔的宗教禮儀，如清水能洗滌污垢，如日照能成熟萬物。祈禱可以挖掘我們內心的能源，增加善業的力量，讓我們心中有佛，轉凡為聖。【40】

（三）祈禱的功能

　　如前所述根據喬‧維泰利與伊賀列卡拉‧修‧藍博士合著《零極限—創造健康、平靜與財富的夏威夷療法》一書指出大多數人祈禱時並不相信上帝會聽到他們的話，或者他們會真正得到幫助。多數人是在感到絕望的時候祈禱，就會吸引更多他們正在感受的東西—即是更多絕望。

【39】星雲，《佛光教科書》第十冊〈宗教概說〉第十九課〈宗教祈禱的意義〉，頁204。

【40】星雲，《佛光教科書》第十冊〈宗教概說〉第十九課〈宗教祈禱的意義〉，頁205。

藍博士將祈禱透過懺悔、原諒到轉化而導向覺醒，達到祈禱功效的過程分為三階段，稱為覺醒三階段，又稱為生命靈性之旅摘錄如下：

第一階段：你是受害者

差不多所有人生來就有無力感，大多數人會一直維持這樣的狀態。我們為這世界就是要剝削、壓迫我們：政府、鄰居、社會，還有各式各樣的壞人。我們覺得自己是整個社會種下的因所結成的果，沒有任何影響力。我們抱怨、控訴、抗議，還聚集成團體，與掌權的人抗爭。除了偶爾和朋友聚一聚，生活基本上是遭透了。【41】

第二階段：你有了掌控權

有一天突破看一部改變你生命的影片《秘密》或書，你開始發現自己的力量。

【41】喬・維泰利、伊賀列卡拉・修・藍博士著；宋馨蓉譯，《零極限—創造健康、平靜與財富的夏威夷療法》，頁248。

你領悟到設定意念得力量，也領悟到你擁有觀想你想要的東西、採取行動，然後獲得這樣東西的力量。你開始有一些神奇的經歷，開始體驗到一些令人開心的成果。基本上，生活開始變得還不錯。【42】

第三階段：你開始覺醒

在第二階段之後，某一天，你開始領悟到意念是一種限制。你開始了解，即使用上你新發現的所有能力，依然無法控制一切。你開始領悟到，當你臣服於某種更大的力量時，奇蹟就會發生，於是你開始放下、開始信任。你開始練習在每個當下覺察你與神性的連結。你開始學會出朝你而來的靈感，然後採取行動。你領悟到你能選擇你的生命，而不是控制你的生命。你領悟到你所能做的最棒的事，就是接受每個當下。在這個階段會發生許多奇蹟，而且它們會不斷令你感到驚歎。基本上，你時時刻刻生活在一種驚喜、讚歎和感恩的狀態中。【43】

藍博士為問題來自潛意識裡重播的記憶，祈禱是透過潛

【42】喬・維泰利、伊賀列卡拉・修・藍博士著；宋馨蓉譯，《零極限—創造健康、平靜與財富的夏威夷療法》，頁249。

【43】喬・維泰利、伊賀列卡拉・修・藍博士著；宋馨蓉譯，《零極限—創造健康、平靜與財富的夏威夷療法》，頁250。

意識、超意識到大我意識【44】，開啟神性智慧【45】，此時問題自然能迎刃而解。如果停留在形式上的祈禱，只會讓記憶忙著責難及思考，問題永遠無法獲得解決。（見圖1：懺悔與原諒與意識的關係）

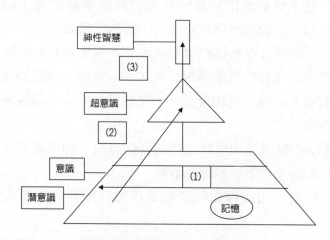

圖1　懺悔與原諒與意識的關係[46]

【44】大我意識：我是大我意識。我是由四個元素組成的：神性智慧、超意識、意識和潛意識。我是由神性智慧完全依照祂的樣貌—空和無限—而創造的。見喬‧維泰利、伊賀列卡拉‧修‧藍博士著；宋馨蓉譯，《零極限—創造健康、平靜與財富的夏威夷療法》，頁284。

【45】神性智慧：我是神性智慧。我就是無限。我創造了大我意識和靈感，我將記憶轉化至「空」。即是佛教所謂空性智慧。見喬‧維泰利、伊賀列卡拉‧修‧藍博士著；宋馨蓉譯，《零極限—創造健康、平靜與財富的夏威夷療法》，頁284。

【46】摘錄自見喬‧維泰利、伊賀列卡拉‧修‧藍博士著；宋馨蓉譯，《零極限—創造健康、平靜與財富的夏威夷療法》，頁274。

1.意識啟動懺悔與原諒，祈求神性智慧將記憶轉化至「空」。意識承問題來自潛意識裡重播的記憶，而它要為這些記憶負百分之百的責任。這個祈願會從意識往下移動到潛意識。（見圖2：透過神性智慧的轉化）

　　2.往下移動到潛意識的祈願會輕輕攪動記憶，以便轉化。然後，祈願會從潛意識往上移動到超意識。

　　3.超意識會重新檢視這個祈願，並做出適當的改變——超意識因為與神性智慧頻率一致，所以有能力重新檢視，並做出改變。之後，祈願會被往上送到神性智慧，做最後的審視和考慮。

　　4.重新審過從超意識送來的祈願以後，神性智慧會將用來轉化的能量往下送到超意識裡。

　　5.接著，用來轉化的能量就從超意識裡往下流入意識裡。

　　6.再接著，用來轉化的能量會從意識裡往下流到潛意識裡。這個能量會先中和指定的記憶，然後被中和的記憶就會釋放到貯藏中，留下「空」。【47】

【47】摘錄自見喬‧維泰利、伊賀列卡拉‧修‧藍博士著；宋馨蓉譯，《零極限─創造健康、平靜與財富的夏威夷療法》，頁276。

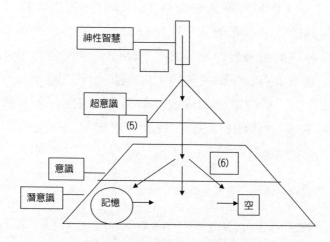

圖2　透過神性智慧的轉化[48]

二、祈禱問卷信度與效度

　　本研究旨在探討「祈禱」對大專青年學子的療癒功能。特針對筆者目前任教的佛光大學97-2和98-1兩學期通識「宗教與信仰」課程共89位學生，以完全開放結構性問卷調查資料做比較分析，以瞭解他們對祈禱的知和祈禱對他們產生的療癒功能。研究對象的選擇乃基於三項考量：第一通識課程是全校各系選修課程，學生遍及人文、社科和理工學院九和十一個系（見表1-1和1-2）；第二97-2學期「宗教與信仰」學生以大一42位新生為主，而98-1學期「宗教與信仰」學生

則以大四47位即將畢業舊生為主，具有代表性；第三「祈禱」是通識「宗教與信仰」課程介紹的八種宗教行為之一，而且是各宗教間最普遍的儀式，方便配合課程做問卷，讓學生能更進一步自我瞭解與深思。問題共有十二題分為「對祈禱的知」與「祈禱產生的成效」兩部分，每部分各六個問題（見附件1）。問題採結構性設計以求統一，採全開放性以讓學生能全面發抒。

表1-1　97-2學期通識「宗教與信仰」學生屬性

全班61位學生42作答，男女比例28：14＝2：1				以大一為主			跨三院9系		
人文 (3)			社科(4)				理工(2)		
系別 外文	宗教	哲學	政治	公事	管理	經濟	學數	心理	未知　合計
男　0	3	1	2	10	4	4	1	2	1　28
女　1	0	0	0	10	0	1	2	0	0　14
小計　1	3	1	2	20	4	5	3	2	1　42

　　表1-1和表1-2兩學期選課學生系所屬性來看，兩學期的人文、社科和理工學院選課學生人數比分別為5：31：6與13：30：4，都是以社科最高分別占75%和64%。兩學期的選修學生數也都是社科學院的公共事務系和未來系居冠。以男女學生比都是2:1，而本校全校男女學生是1:1的比例來看，似乎男學生對宗教較好奇與興趣。但在社會上一般參與宗教團體

寺廟教堂法會活動卻以女性居多，或許可以說明男性喜從宗教知識的解門下手。

表1-2　98-1學期通識「宗教與信仰」學生屬性

全班54位學生47作答，男女比例31：16 = 2：1　大四：大二 = 42：5

(男)大四：大二 =1+22：5(管理系)　　(女)大四 =14　　跨三院11系

人文 (5)					社科(5)					理工(1)	
系別	文學	生宗	哲學	歷史	人類	政治	管理	經濟	未來	公事	資訊	合計
男	1	1	3	1	2	4	6	1	8	0	4	31
女	3	1	1	0	0	2	0	0	5	4	0	16
小計	4	2	4	1	2	6	6	1	13	4	4	47

（一）祈禱問卷信度

本問卷調查研究採用內部一致性信度中的Cronbach's Alpha係數為指標，來做大學生對祈禱知量表的信度分析。一般來說，若此項係數的值高於.60，就表示祈禱問卷整體與各個因素的內部一致性尚稱良好。本研究對97-2和98-1兩學期選修通識「宗教與信仰」學生使用同樣的問卷表，在問卷調查結束之後，將問卷內容依序編碼輸入到SPSS統計軟體中，在大學生對祈禱知量表中得到量表的信度係數為0.886，因此變項穩定係數佳。

（二）祈禱問卷效度

　　為使得本祈禱問卷所作的分祈及描述能真正的、忠實的反應以及表達出所搜集到的問卷資料，本問卷調查研究採用因素分析法來處理效度問題。

參、分析與詮釋

　　本章將依「對祈禱的知」與「祈禱產生的成效」兩部分，逐題分析說明。

一、大學生對祈禱的知

　　本項目共有六個相關問題如下：

（一）你／妳祈禱過嗎？

　　97-2 學期42位學生中，有10位學生沒有信仰，而有與無祈禱過比例40:2，兩位沒有祈禱經驗均為公事系男學生。98-1學期47位學生中，有11位學生沒有信仰，而有與無祈禱過比例45:1，唯一一位沒有祈禱經驗者為哲學系有佛教信仰的男學生，該生從不祈禱但會陪同學到學校鄰近的廟宇向民間信仰神祇祈禱。兩學期不管大一或大四學生沒有祈禱經驗者均為男學生，只是大一學生多於大四學生。筆者推測隨著年齡的增長，閱歷隨著增加，遇到的逆境挫折也會越多的情況下，藉助祈禱尋求解決問題的可能性就愈高。

（二）你 / 妳常在什麼時候祈禱？

97-2：（需要幫助）遇到困難時（尋求希望）X10；（去廟宇）拜拜時（在教會）X4+2 =6；睡前X4；不安時X3；求活動事情順利X2；夜深人靜時X2；成績公佈前；事情進行中；除夕和過年點光明燈求整年平安時；不如意時；早晚；害怕恐懼；有空閒時；無人時在家裡；騎車時；沒錢想中獎時；拜祖先時；抱有希望時；無助無方向感時；任何時間；當擔心和有危害到親人生命安危時；考試前；難過心情不好時。

98-1：有所求時X7；失意失落無助煩悶時X5；在廟宇拜拜時X5；母親生病時X4（爺爺1/自己2）；祭拜祖先神明時X2；初一十五；出遠門時；自省時；外公過世時；晚上睡覺前或早上起床。

97-2 學期大一學生對此問題的答案較多元，且以「遇到困難時」祈禱的人數10最多，而98-1學期大四學生則在「有所求時」祈禱人數7最多。此項差異很有可能大一學生剛由高中升級大學，課業環境、校園文化、身心發育和兩性關係等都還在學習適應中，較易遇見困難，由其他「成績公佈前」、「考試前」、「無方向感時」、「沒錢想中獎時」、「害怕恐懼時」和「騎車時」祈禱等其他理由亦可證明；而98-1學期大四學生課業即將完成，已面臨未來生涯規劃議題，故偏重「有所求時」祈禱，勝於「失意無助時」的祈禱。接著兩組均為「在廟宇拜拜時做祈禱」。但 97-2學期有位大一學生是「任何時間」都在祈禱，其他諸如親人生病或

過世時、祭拜祖先神明時、初一十五、早晚睡前起床時祈禱都是一樣的。可見祈禱原因依需求而定，但97-2學期大一學生的祈禱需求顯然多於98-1學期的大四學生。

（三）你／妳一般祈禱時間有多長？

　　97-2：不一定X6；5分鐘X6；視情況而定X4；5-10分鐘X2；10分鐘X2；直到心情好；試前至試後；當下那1秒；2分鐘；2-3分鐘；3-5分鐘；10-15分鐘；15分鐘；30分鐘；15-40分鐘；0.5小時；1小時；隨時；1-2天；隨恭敬心而定；幾分鐘-小時；依功課的量而定。

　　98-1：不一定X9；10-15分鐘X5；2-3分鐘X4；5分鐘X3；30分鐘（香燒過半）X2；5-10分鐘X2；3-5分鐘X2；1分鐘X2；整個事件的過程X2；依祈禱事件多寡而定X2；幾分鐘X2；一下子；0.5-1分鐘；1-2分鐘；10分鐘；10-20分鐘；1小時；感覺有效後；整段路程；一陣子；一整晚；早晚上香時。

　　有關祈禱時間的長短，97-2和98-1兩學期學生的答案大同小異，都以「不一定」人數最多。其他則從一下子到幾小時、到整個過程不等。只是97-2學期的學生有從「考試前至考試結束」都在祈禱，呼應上一題大一新生仍在適應新的校園文化。另外，有趣的是有一位學生提到「隨恭敬心而定」其祈禱時間的長短。而98-1學期學生卻有兩位「依祈禱事件多寡而定」祈禱時間的長短、和一位「感覺有效後」，和一位「早晚上香時」。看起來98-1學期大四學生的祈禱相當有

效率及投入。

（四）你／妳向誰祈禱？

97-2 祖先X8；上帝X6；神明x4；神X3；耶穌（基督）X3；（上）天公X3；佛祖X2；自性佛X2；自己信仰的神X2；眾神X2；諸佛菩薩X2；阿彌陀佛；觀音；上師；聖者；依怙處；天使；土地公；文昌帝君；關公；媽祖；老天爺；天上聖母；財神爺；觀音娘娘；玄天上帝；有助已者人鬼神等；爸媽；過世親人；爸媽所尊敬的神（家中供奉的神）；心中的神。

98-1 佛祖X14；觀世音X11；祖先X7（外公）；上帝X6；神X6；關聖帝君X6；媽祖X5；上天X5；耶穌（基督）X4；土地公X4；神明X4；天主X2；文昌帝君X2；菩薩X2；玉皇大帝X2；老天爺X2；家中供奉的神X2；太子X1；阿彌陀佛X1；靈安尊王；大眾爺；城隍爺；王爺；文昌帝君；月下老人；依所求願望不同而有不同的神祇；世界萬物超自然的力量；無特定對象X1。

97-2和98-1 兩學期學生的祈禱對象均包含了基督教、佛教和台灣民間信仰眾神祇。唯98-1學期學生的祈禱對象明顯的以佛教的佛菩薩就占了28位，但全班47位參與問卷的學生卻只有10位是佛教徒。可見大學生不一定只向自己信仰的宗教所屬神祇祈禱而已，沒有信仰同樣會向各宗教佛菩薩眾神祇祈禱的。97-2學期學生的祈禱對象如上師、聖者、自性佛和依怙處也都隸屬於佛教名相，前二者指德行高具體的人

師；後二者指高層次的佛性依止處，此異於98-1學期學生的祈禱對象。然而，98-1學期有一位學生以「世界萬物超自然的力量」為祈禱對象的萬物有靈論，則是97-2學期學生所沒有的祈禱對象。而97-2學期有位學生以「過世親人」為祈禱對象；98-1學期有位學生以「月下老人」為祈禱對象都是異於他人。另外，98-1學期有位學生的祈禱沒有特定對象，而是依實際需要和待解決問題的屬性來決定，此生無任何宗教信仰，較偏向與自己內心對話。可見台灣大學生的祈禱對象是受到本土信仰環境和文化的影響。

（五）你／妳怎麼祈禱？

97-2 雙手合十閉眼（心中默念）X8；雙手合十心中默念X5；心裡默想X4；拜拜上香將心事祈禱告知神明X3；靜心誠心表達心事X3；一真心誠意雙手合十X2；雙手合十X2；雙手緊握低頭閉眼述說（默想）X2；說明自己的身份時間地點事由祈求心靈神定X2；閉眼靜心或仰望天空；上香雙手合十有需要下跪擲杯；雙手合十手持護身符朝觀音娘娘巷默念；一貫道方式；下跪雙手緊握低頭說出所求；拿香述說；低頭禱告；觀修唸誦祈請文；祈禱他們給我力量智慧解決問題；無固定相信心誠則靈；平靜身心恭敬一切；雙手緊握嘴巴反覆念自己祈禱的事身體抖動。

98-1 雙手合十X17（5低頭+2神像前+5跪下祈禱口述心事）；心中默念X10；有時唸出或心想X5；站好持香雙手合十X4說地址姓名及祈禱的事X5；閉眼X5放鬆雙手合十心中

默念；雙手緊扣X4，持香默念雙手合十；燒香拜拜X3；發
自內心X3；心裡默念佛號來傳遞祈禱的心事X3；在廟裏跪
求X2；誠心X2；到龍山寺或教會禱告；持香看祈禱對象；
擲筊；跪禮佛唸佛號；家中佛堂；靜坐；誠信靜心。

　　97-2和98-1 兩學期學生的祈禱方式不離靜心誠心上香，
雙手合十下跪閉眼，心中默念，而97-2學期有學生祈禱時觀
修唸誦祈請文和98-1學期有學生以靜坐祈禱，還有擲筊及念
佛號來祈禱的。

（六）你／妳對祈禱的看法為何？

　　97-2 心靈慰藉寄託去煩躁安心法門X4（但勿過於盲從
迷信，現實是不同的）；很好的行為（我推崇它）令心靈平
靜X3；個人抒發情緒（壓力）獲得慰藉的方式X3；是希望
期許有平靜作用X2；一種對未知力量許願或期許的方式，
並藉此方式獲得心理上的支持X2；信者信不信者不信（個
人觀感）X2；幫助自己釐清思緒堅定信念；祈禱不一定有
感應，心誠最重要；正面解壓法；神明崇拜自古即有，故不
能言神鬼一定有或不存在；只是某些人想藉以得心靈慰藉和
回報；傾洩不願對一般人透露的話或事；感謝神明或為自他
祈禱安定身心法；不論有無信仰，不一定對神祈禱，也有加
強自己的信心，覺得祈禱出現神蹟感應像神話；不一定限於
宗教祈禱，也可以和自己對話讓自己平靜，有自我療傷的效
果；心靈的自我暗示，有撫平心靈的療效；有觸動的感覺；
祈禱是好事對每個人都很重要；是形式上的一種解脫，不為

真的有用;向神佛上帝眾神祇宣告自己的想法,不一定得到正面的回應或解惑,但心較平靜;大部分祈禱都只是自己內心希望發生的事;不管有無滿願,至少曾經希望過;心靈有依靠,心情更好;騎車更安全,身體更健康;只要真心祈求助禱,一切隨緣;令己靜思問題;對不可掌握之事物的恐懼和想掌控的欲望,最終訴求於某對象,我為祈禱最終不過求於本性;信仰是種天賦,我還無法到那境界,但不反對,畢竟有沉澱心靈效用;祈禱是種心念的釋放,對於未知的一種希望,甚至是和神溝通的橋樑;很受用,也很喜歡,雖然很慢,但會漸漸改變心靈;不一定實現但心裡好過一點;正向的強化精神。

98-1

男學生: 心誠則靈,通常人會想要祈禱莫非發生事情才會想要去做,但是七分看自己,三分看運氣;無聊沒事又有所求時,可以試試看祈禱,但不應過於依賴及不理性;有些事情還是靠自己努力比較好,不要太依賴神跟運氣;反正只是騙自己而已吧!祈禱是好的,但不一定要做;祈禱不一定能完全解決問題,但我同祈禱或多或少能「幫助」解決問題;祈禱是一種象徵性的,對於面對的困難還是要靠自己;祈禱非最好解決問題的辦法,它只能讓你放鬆心情,這樣才可以靜下心來解決你遇到的困境;祈禱是一種發自內心不管是為別人或為自己的一種行為表現,人們藉由祈禱尋求身心靈方面的安慰,好比信仰一般,但祈禱與信仰不同的是:祈禱不用特定對象,如祖先上天等,而信仰需有一個或多個崇

拜對象，總之，祈禱也是一種尋求心靈舒緩的體現；很好，心情會安穩；祈禱有助安定人心；一種自我對對象溝通的徒徑，也是使其心靈平靜的管道；身心去除雜念的一種宗教思想；祈禱很好有願就有力祈禱會使人沉靜平靜才能思考見事情另一面對無解的事亦容易慢慢找出問題所在，心念是人最大的力量；禱告使心平靜是好的；相信則能使人安心；有祈禱有保佑；心誠則靈；祈禱給人寄託心安；祈禱能求得心靈慰藉讓自己能朝目標前進；祈禱是感到不安時的依靠；祈禱可以替自身找到另一條紓發管道；祈禱是很神聖很真地和上帝溝通；拿香祈禱是中國人的傳統，是一種跟信仰對象溝通的過程，從中獲得心力的踏實感；祈禱會愈來愈會面對事實，發生在我身上的事是一種磨練，祈禱讓我能安然面對；祈禱可能是一種心靈上的慰藉，也可能是一種安心的方式；祈禱是很真的希望得到慰藉；祈禱是一種讓人安定心靈和增加信心的方法在無形中得到幫助；增加安定作用使自己恢復冷靜對事情有另一種看法；祈禱是精神的支柱，如果無法祈禱精神可能會崩解；祈禱是達到安定心靈的一種行為。

　　女學生：祈禱是一種使人心平靜的方式；祈禱是一種平息焦慮的好方法；祈禱有時可以看清問題有時起大勇猛心有時真感應；信者則信不信者則不信我相信祈禱是對人有幫助；祈禱不過是自己內心的對話，事件的發展好像早已注定了所以只是讓自己心安吧；祈禱是人的一種精神上的寄託，是與自己信仰的宗教或神最直接溝通的方式，而不假手他人；人一定要有祈禱，有些事不便訴諸他人，而上帝像個避

風港一個永遠愛你陪伴著你的人，不管喜怒哀樂都可和他分享，心會變得比較平靜思想也會比較正面；祈禱是很神聖莊重的，可以安穩心理，跟不同世界的神接觸也覺得很了不起；自己對祈禱沒什麼看法，大家的祈禱方式都不同，多吸收別人的經驗，如果不錯，自己下次可拿來試試；祈禱對自我的感覺會良好很多冥冥之中多一份依靠多一份安全感；祈禱很棒，不管有無宗教信仰都應祈禱，祈禱不只安定人心，而其「有講有機會」有祈禱神才有機會聽到，多一個成真機會；感覺很好大家都可以祈禱；我同祈禱是各宗教重要的一環，眾人祈禱力量更大眾人信念齊一力量大會改變事物，祈禱也是對自己喊話為自己打氣，祈禱對各宗教來說，可把眾人的心願傳遞出去堅定心念；祈禱對於心理會有幫助也算是心靈上的一種寄託；寧可信其有也可以讓自己的心不會那麼徬徨；心裡默許著就好像對最深處的自己說話，好讓自己思考自己的下一步怎麼做。

97-2 學期三位學生為祈禱是與自己對話，應靠自己找回自性；98-1學期四位男性學生為靠自己努力比較好，三位女性學生則定義祈禱是與自己內心對話。其他學生對祈禱的看法都是正面有用的，如上所列。

二、大學生祈禱的功效

本項目亦共有六個相關問題如下：

（一）你／妳為什麼祈禱？

97-2：尋求希望獲得支持（希望奇蹟出現滿願）x3+希望解決問題（狀況轉好）X2=5；心靈寄託和安慰X3；深夜能靜下心X3；心中不安X2；為家人健康1+（爸爸生病時）1=2；活動或事情能順利X2；教會的儀式x1+在廟宇拜拜時x1=2；睡前因心靈平靜（感謝上帝予平安的一天）；祭拜祖先時；希望能平安；希望考試考好；安撫難過的心；生敬信心且防非止惡；尋找勇氣決心毅力。

98-1：（騎車路過貓狗屍體、夜晚行駛人煙稀少路段（害怕時）、考前臨時抱佛腳X4，令自己安心X6）；遇重要事故困難挫折時X27（16想轉運+6健康感情學業+5失意失落無助煩悶時）；有所求X7；為家人健康平安X4（3事業順利）；母親生病時X4（爺爺1/自己2）；心靈沉澱X3；祭拜祖先神明時X2；有美好的一天X2；課業身體健康交通安全；自省時；無聊試試；外公過世時。

97-2和98-1兩學期學生共同的祈禱理由主要以遇到困難挫折失落無助時，希望藉助外來信任的無形力量來解決問題，安撫不安的心為主。其次依序為家人健康、考試過關、祭拜祖先、感恩有美好的一天和在教會寺廟禮拜時。不同處則為97-2學期有位學生為提醒自己「生敬信心且防非止惡」而祈禱，另一位學生為「尋找勇氣決心毅力」而祈禱。98-1學期有七位學生因為「有所求」而祈禱、兩位因為「騎車路過貓狗屍體」、「夜晚行駛人煙稀少路段害怕時」而祈禱、分別各有一位學生為「自省」、「外公過世」和「無聊試

試」。大四學生已達合法騎機車年齡且住校外比例大，所以會為自己的行車安全祈禱。綜合上述，可見大學生祈禱的理由五花八門，和日常生活息息相關，大學生想順利度過求學生涯，祈禱是少不了的。

（二）為什麼不會想要祈禱？

97-2　人定勝天X1；自己能解決X1；只有自己或活著的人對活人才有幫助X1。

98-1　天助自助，凡事應靠自己。會想要祈福是因為陪朋友到廟裡拜拜時或為家人X1

97-2　學期有三位和98-1學期有一位學生不會想要祈禱的理由都是為人定勝天、凡事應自己解決、只有自己或活著的人對活人才有幫助。

（三）你／妳祈禱時，是什麼樣的心態？

97-2（是脆弱的需上天協助）充滿渴望神蹟出現所求滿願X10；恭敬虔誠（心誠則靈）真X6真心隨緣X1；請求幫忙或專注心無雜念真誠X4心中只有那件事X1；想獲取心靈慰藉X2；心情平靜（氣和）（有所求以心體悟）X3；誠心與祝福X2；嚴謹謹慎X2；求心靈平安喜樂（逢凶化吉）X2；心存感激期待安定X2；希望瓶頸瓦解苦難消除身邊人一切安好；自他平安健康；抱著一切順利心態；如遭水溺如逢厄運如子女無依如求救無援；想逃避問題丟給神佛解決；祈求從旁協助但主要靠己；一切靠自己；用平常心。

98-1 很虔誠懇切的心X22（1希望神明祖先聽得見+7專注+1真）；開心盼望X10（2平靜+5期待+2充滿希望+1誠心）；感恩尊敬（嚴肅）X3；焦慮不安（痛苦）的心X3；希望受保佑以撫平情緒；清明；拜託求助；相信有所求的對象；希望找到出口；與朋友訴說交談的心情；只想著主就在我心中，就在我身邊；寧可信其有；慚愧，不好意思；只靠祈禱不努力逃避現實；逃避責任；跪著很累不知道為什麼要這樣做；緊張害怕。

97-2 學期大一學生和98-1學期大四學生祈禱時的心態有許多共同點，以「恭敬虔誠渴望神蹟出現」分別為22（52.5%）和30（64%）居冠，其他如心存感激安定、心清明等都有正面紓解壓力的功用。但也都有少數消極逃避現實和責任的心態，也有為還是要靠自己的心。98-1學期大四學生祈禱時的心態有三樣是97-2學期大一學生所沒有的，有四位學生祈禱時會感覺「焦慮不安緊張害怕」（其中三位男學生）、有一位學生祈禱時會感覺「慚愧，不好意思」另一位學生祈禱時感覺跪著很累而不知道為什麼要這樣做，後兩位同為大四學生祈禱態度卻呈現兩極化差異。綜上比較，可見97-2學期大一學生祈禱時的心態比較清楚明白且積極正向。

（四）你／妳祈禱過程中，有什麼樣的心理變化？

97-2 心安平靜（涼意有安全感）X13；煩躁（焦慮）→心平氣和X4；（未知）恐懼→安定，不確定（擔心）→確

定（有依靠）X2（擔心釋放/希望）X2；無助→寄託→平靜（愉快輕鬆）X2；較心安，覺得接下來事情會較順遂X2；祈禱後才會有變化X2；想得到幫助；求心理平靜；仍是不安但好轉點；獲得治癒，心情平靜覺得神聽到你的聲音；鬆口氣的感覺；緊繃→放鬆；安心有寄託；思考反省說服自己（如果自己有問題的話）；緊急沮喪→平靜；心情會安定平靜感受到他們的慈愛並日漸受其影響；心中踏實感安心作用；由煩雜無章思緒慢慢平靜穩定；突然感覺有股力量降臨周遭協助你；樂與愁參雜各半→平靜；說出所求感覺神明一定會幫助或犯太歲會心安；沒有。

98-1 不安（焦慮惶恐）→安心（定）（1有安全感+2舒服感）x21；煩悶（1緊張）→平靜X9；不安緊張悲傷→緩和負面情緒X2；（1放鬆）舒坦X2；心情平穩不會胡思亂想X2；心理踏實；可能激動可能平靜可能沒變化；受照顧慰藉感；放鬆問題得到解決；安心放心身心有被保護的溫暖；不安痛苦減輕；如釋重負感；沒有變化，看接下來會怎麼樣；希望明天奇蹟會出現；知自己努力不夠而慚愧；意志力加強；依舊擔心牽掛；感覺神明聽見了；有希望的感覺；心理踏實，感覺病痛和危難都沒了。

97-2學期和98-1學期各有一位學生祈禱過程中沒有任何心理變化，97-2學期其他41位大一學生雖用不同詞句描述他們祈禱過程中的心理變化，但詞意雷同都是由焦慮緊張、恐懼不安、不確定轉為放鬆平靜、安心踏實、有依靠和安全感，並且感覺突然有股力量降臨周遭庇佑。98-1學期其他大

四學生中有位男學生，雖沒有信仰但會祈禱，只是可能有時激動、有時很平靜，也可能沒任何變化。另一位女學生祈禱過程中依舊會擔心牽掛，另有一位會知自己努力不夠而慚愧。其他43位大四學生（約95%）與41位大一學生（約98%）在祈禱過程中有相似具療效的心理變化，由焦慮緊張、恐懼不安、不確定轉為放鬆平靜、安心踏實、有依靠和安全感，並且感覺突然感覺有股力量降臨周遭庇佑等。但是98-1學期大四學生有更明確強烈如「意志力加強」和「心理踏實，感覺病痛和危難都沒了」的成效說明。可見不管大一或大四有無信仰的大部分學生，幾乎都有自我經由祈禱解決問題、釋放壓力，產生身心療癒功效的經驗。

（五）你／妳祈禱，有感應過嗎？

97-2無X27；（目前沒有/善事做不過或未察覺/祖先沒保佑，但有一次死而復活經驗不知何為感應，但卻能回歸自心本性，感受強烈；祈禱時沒感應但要出車禍前有預感；有X10；（家人生病好了/突然進入一個不同世界，在那裡會很平靜/身體舒服通暢/擲聖杯/感覺觀音娘娘的溫暖令人安心鎮定X2/感到以後任何事都不用擔心/向祖先祈禱時擲筊猶如他們在身邊）一點點；亦有亦無。

98-1無X19+9（1祈禱只能給予心靈的安穩+1八字太重）；沒有具體感應，但知道祂們聽到也知道，只是時間和因果的關係，但有願就有力；不知道，但相信有；感覺有但不確定X2；時常有，心平靜如止水。

有x6（2安穩的感覺+3安穩的感覺+1有希望的感覺）；感覺神明聽得見；除了考試，皆有些感應，如心生軟意；感應到觀音在我頭前方聆聽；有給我力量並增強意志力；有，感覺世界在轉身體飄起來眼淚不停地流，好像自己被上帝接受了；感覺與佛祖四目相視，強烈感應過祖母。

97-2和98-1兩學期學生的祈禱能明確有無感應比分別為11:28和16:28，而感應的感覺都以安心平靜鎮定有依靠，甚至宛如進入一個不同的世界居首，其次充滿信心希望、意志力增強有力量、身體舒服通暢、被上帝佛菩薩眾神接受庇佑感、心變柔軟了，家人病也好了。

（六）你／妳會鼓勵別人祈禱嗎？

97-2不會X19（需自發/個人觀感/會幫他祈禱/本能自然會/個人抒發情緒/沒有過）；會X17（但需求自性/平靜妙方/但不強迫/有用/心誠則靈/助人思考）；不鼓勵但祈禱令人安心X2；大力支持；不一定；視情況而定；視個人需要則做否則浪費時間。

98-1不會X12（1應自助找尋解決的辦法或人+1因信仰不同+2不跟人談信仰）

會X18（1希望大家都得到眷顧+1神明是心靈醫生+1如果對方沒有安全感+1看信仰及友誼+1無助時+1因相信心誠則靈+1但要用心）+11（2因讓人安穩+2有療效+1是心靈寄託+1較能接受結果+1限佛教徒+1有安定作用）。

不一定X1；不特別鼓勵，也不特別排斥X2；沒想過。

97-2學期學生會與不會鼓勵別人祈禱的比例為17:19，另有兩位學生不鼓勵別人祈禱但肯定祈禱能令人安心，有三位不一定的學生為應視情況及個人需要而定，否則浪費時間。不會鼓勵別人祈禱的理由有需自發、個人觀感不同、個人抒發情緒、本能自然會不需他人鼓勵、沒有鼓勵過他人祈禱和會幫他祈禱等。會鼓勵別人祈禱的理由為祈禱是平靜妙方、心誠則靈、有效管用，且能助人反省思考，但需求自性不強迫。

　　而98-1學期學生會與不會鼓勵別人祈禱的比例為18:12，另有一位學生不特別鼓勵別人祈禱，也不排斥；另一位則不一定。不會鼓勵別人祈禱的理由為應自助找尋解決的辦法或人、因信仰不同、不跟人談信仰的關係以及從來都沒想過去鼓勵別人祈禱。會鼓勵別人祈禱的理由為神明是心靈醫生和心靈寄託，讓人安穩有療效、可以增強安全感、有安定作用、較能接受結果，還希望大家都能得到眷顧，不過取決於心誠則靈和需視交情深淺和相同宗教。

　　98-1學期學生會鼓勵別人祈禱比例高於不會鼓勵別人祈禱和97-2學期學生會與不會鼓勵別人祈禱的比例相反，97-2和98-1兩學期學生不會鼓勵別人祈禱的理由雷同，但有位學生雖不會鼓勵別人祈禱，卻會為人祈禱。而98-1學期學生鼓勵別人祈禱時，會考量交情和宗教信仰別，考量較多但也較熱心希望大家都得到眷顧。

　　綜合上述對佛光大學97-2和98-1兩學期通識課程「宗教與信仰」選修學生「對祈禱的知」與「祈禱產生的成效」兩

部分，共十二個問題的分析詮釋，可歸納為如下六點：

　　1. 祈禱是種自發性行為，不一定要有信仰才會祈禱，有信仰者也未必一定會祈禱。但95%以上的學生在遇到困難挫折時，會自行訴諸祈禱來解決問題。

　　2. 台灣大學生的祈禱對象受到本土信仰環境和文化的影響，偏向佛道和民間信仰的佛菩薩眾神祇，以及自己的祖先。

　　3. 大一和大四的學生對祈禱的知並無太大的差異，後者訴諸祈禱解決的問題較多元。

　　4. 大學生習慣個人的單獨祈禱，很少參與集體祈禱。

　　5. 95%以上的學生都有經由祈禱安心紓壓、解決問題的經驗，因此對祈禱的知既肯定且正面。唯極少數學生能從中觀照到：祈禱成效實質是透過自我懺悔、祈求原諒後達到轉化功效的成果。（方法再深入）

　　6. 祈禱是種普及方便的自我對話、自我觀照和自我療癒的方法。（心理諮商的貢獻）

肆、結論與建議

　　祈禱始於早期人類有歷史之後，雖然目前各東西方宗教都有祈禱儀式，但祈禱的定義和學術研究，甚至一般著作都偏向西方宗教主動和神、神靈或靈性的個體溝通來贊美、祈求、懺悔或者僅只是表達自己的思想或願望。少有針對東方宗教信仰族群做類似探討者，更遑論以少有宗教信仰的大學

生做研究對象了。

　　其實中國人普遍的儒釋道信仰雖是東方宗教，但中國傳統民間的習俗十二月八日的蠟祭，為年終報謝神靈、慶祝豐收的節日活動，即是全民性的大型活動。且早在先秦即有「春天祭日，秋天祭月」的禮制。中國人重視祭祖的倫理傳承延襲至今也都需要祈禱，或用祈願祝禱，或祭拜等。

　　本研究前半部分以文獻觀察來瞭解祈禱的定義、起緣、發展、對象和方法，後半部以結構性全開放的十二個問題只針對佛光大學97-2與98-1兩學期通識課程「宗教與信仰」大一和大四的學生來瞭解兩班共89位學生對祈禱的知與其產生的功效。根據研究結果，對大學生而言，宗教信仰與祈禱行為沒有絕對的必然性，大部分學生在遇到困難挫折時，會自行訴諸祈禱來解決問題，且都有相當成效去除恐怖害怕不安等的身心療癒功能，因此，都正面肯定祈禱的價值。本研究雖然只針對佛光大學97-2與98-1兩學期通識課程「宗教與信仰」大一和大四的學生對祈禱的知與其產生的功效，但從研究結果不難看出其適用性，當然每個學校不同的學生資質和成長背景以及不同的校園文化等都會稍有影響。

　　祈禱既然是大部分學生常用來自行安心紓壓、解決問題既方便又經濟的方法，筆者建議：第一可用在對學生的心理諮商上，第二心理諮商人員及相關老師可以協助學生更瞭解祈禱的原理和更嫻熟的技巧。另外，繼續針對佛光大學通識課程「宗教與信仰」的學生做祈禱的知與功效的問卷，並進一步結合本所生命組的生命能量檢測儀器，以更精準的科學

儀器來檢測祈禱者在祈禱前後及進行中身體能量的變化，以科學數據來印證祈禱的成效，是筆者未來的延伸研究計劃。

　　（本論文發表於2010年6月9日佛光大學生命與宗教學系「第一屆生命與宗教學術研討會」主題【佛教與整體療癒】論文集，頁74-96。）

參考書目

一、中文

（一）原典

姚秦・鳩摩羅什譯，《妙法蓮華經》，《大正藏》冊9，no.262。

西晉・竺法護譯，《海龍王經》，《大正藏》冊15，no.598。

馬鳴菩薩造，北涼・曇無讖譯，《佛所行讚》，《大正藏》冊4，no.192。

梁・武帝敕修，《梁皇寶懺》，《大正藏》冊49〈釋氏稽古略〉（卷2），no.2037。

隋・智顗撰，《法華三昧懺儀》，《大正藏》冊46，no.1941。

唐・悟達國師撰，《慈悲水懺》，《大正藏》冊45，no.1910。

唐・玄奘譯，辯機撰，《大唐西域記》（卷二），《大正藏》冊51，no.2087。

唐‧道宣撰，《廣弘明集》，《大正藏》冊52，no.2103。

唐‧善導撰，〈觀無量壽佛經疏〉（卷一），《大正藏》冊37，
　　　no.1753。

宋‧志磐撰，《佛祖統紀》（卷五十二），《大正藏》冊49，
　　　no.2035。

宋‧贊寧等撰，《宋高僧傳》（卷一），《大正藏》冊50，
　　　no.2061。

元‧德煇重編，《敕修百丈清規》（卷六），《大正藏》冊48，
　　　no.2025。

清‧見月讀體撰，《悲懺》，《大正藏》冊49〈佛祖歷代通載〉
　　　（卷18），no.2036。

明‧智旭撰，《地藏懺法》，《卍續藏》冊74，no.1486。

清‧仁庵義禪師撰，《藥師懺》，天溪大覺寺受登刊定。

日本‧無著道忠編《禪林象器箋》〈報禱門〉，1741。

（二）專書

星雲，《佛光教科書》第十冊〈宗教概說〉（1-20），高雄：佛光
　　　出版社，1999。

喬‧維泰利（Joe itale）、伊賀列卡拉‧修‧藍博士（Ihaleakala
　　　Hew Len, PhD.）著；宋馨蓉譯，《零極限—創造健康、平
　　　靜與財富的夏威夷療法》Zero Limits The Secret Hawaiian
　　　System for Wealth, Peace, and More, 方智出版社，2009。

（三）論文

王永成，〈天主教聖神同禱會祈禱經驗之研究─以南部某地區的聖神同禱會活動及其成員為例〉，（A Study of the Prayer Experiences in a Catholic Charismatic Prayer Group--With the Movements and Members of a Charismatic Prayer Group at a District of South Taiwan as Examples），南華大學宗教研究所碩士論文，95。

洪乾祐，〈美國公立學校宗教活動之研究─以閱讀聖經及禱告為例〉（American Public School"s Religious Education--A Case Study of Bible Reading and Prayer）淡江大學美國研究所碩士論文，93。

陳珮怡，〈基督徒諮商心理師運用祈禱在諮商工作中的脈絡探討〉，臺北市立教育大學心理與諮商學系碩士論文，95。

星雲，《佛光大辭典》，1988。

二、英文

（一）論文

Aronson, Judith, Ph.D., *Praying in face of life-threatening illness,* Institute for Clinical Social Work（Chicago），Illinois 2008

Breneman, Janet Marie, D.Min., *Guatemalan Mennonite women at prayer: Religious heritages and social circumstances shape the prayers of Ladina and Q'eqchi' women,* Lancaster Theological

Seminary, 2004.

Colletti, Peter, D.Min., *The efficacy of intercessory prayer in healing* , Saint Mary Seminary and Graduate School of Theology, Ohio 2007.

Haavik, Charles Elias, D.Min., *Joyful in my house: Introducing postmoderns to the life of prayer*, Assemblies of God Theological Seminary, Missouri , 2006.

Hartwick, James, *An investigation into the spiritual, religious, and prayer lives of Wisconsin public school teachers: The inner life of the teacher*, The University of Wisconsin - Madison, Wisconsin 2004.

Kiehne, Anne-Marie, Ph.D., *The lived experience of nurses who* pray *for their patients: A phenomenological inquiry*, Temple University, Pennsylvania 2004. Kim, Hak Jong, *Effecting changes in spiritual growth through teaching during the early morning prayer time*, Oral Roberts University, Oklahoma 2006.

Lee, Chang Woo, D.Min., *Increasing knowledge about prayer in a small group*, Oral Roberts University, Oklahoma 2005.

Meraviglia, Martha Gene, Ph.D.,*The mediating effects of meaning in life and prayer on the physical and psychological responses of people experiencing lung cancer*, The University of Texas at Austin, Texas 2001.

Morris, Margaret Alyse, *Ph.D.,* The effectiveness of prayer in coping: An African American female perspective, Oklahoma State University, Oklahoma 2006.

Morton, Kirk, D.Min., *The discipline of prayer for spiritual maturity, church growth and general blessings in the Cathedral church,* Drew University, 2004.

Paik, Miyoung, Becoming alive with prayer: Connecting with God trough a multi-faceted approach to prayer, Dissertation, Drew University, New Jersey, 2008.

Thralls, Chard R., PhD, *Ann Belford Ulanov's use of psychology in interpreting the spiritual life: Her contribution to the psychology of prayer,* Dissertation, The Catholic University of America, District of Columbia, 2007.

Yi, Sun Mi, Spiritual growth through the tabernacle type of prayer training, Dissertation, Oral Roberts University, Oklahoma, 2008.

Richardson, Recco S., Ph.D., The effects of prayer and glossolalia on the mental health status of Protestants, Walden University, Minnesota 2008.

Shin, Soo Gill, D.Min., *Experiencing inner healing through confession and pray*er, Oral Roberts University, Oklahoma 2006.

Spring, Heather Joy, Ph.D., *God: A grounded theory of prayer in illness,* University of Florida, 2002.

（二）期刊

John F Baker, Uncommon prayer, New York: Mar 15, 1999. Vol. 246,
　　Iss.11; pgs. 1,16.

附件1：

佛光大學通識「宗教與信仰」課程祈禱問卷

姓名＿＿＿＿＿＿＿＿＿學號＿＿＿＿＿＿＿＿＿系別＿＿＿＿＿＿＿＿＿

性別：男□　女□　宗教信仰＿＿＿＿＿＿＿＿＿＿＿＿＿＿＿＿＿＿＿

一、對祈禱的認知

1. 你/妳祈禱過嗎？（經驗）

2. 你/妳常在什麼時候祈禱？（時間）

3. 你/妳的祈禱一般時間多長？（時間）

4. 你/妳向誰祈禱？（對象）

5. 你/妳怎麼祈禱？（方式）

6. 你/妳對祈禱的看法為何？（知）

二、祈禱的功效

1. 你/妳為什麼祈禱？（動機）

2. 沒有的話，有沒有想過要祈禱？為什麼不會想要祈禱？
（動機）

3. 你/妳祈禱時，是什麼樣的心態？（心態）

4. 你/妳祈禱過程中，有什麼樣的心理變化？（功能）

5. 你/妳祈禱，有感應過嗎？（功能）

6. 你/妳會鼓勵別人祈禱嗎？（價值）

國家圖書館出版品預行編目資料

當代台灣佛教發展趨勢／釋永東初版-
臺北市：蘭臺出版社 2011.2
15*21公分　含參考書目
ISBN：978-986-6231-20-9（平裝）
1.佛教 2.文集 3.臺灣
228.3307　　　　　　100001033

台灣佛學研究叢書 第一輯 3

《當代台灣佛教發展趨勢》

著　　者：釋永東 著

執行主編：張加君

執行美編：康美珠

封面設計：林育雯

出 版 者：蘭臺出版社

地　　址：台北市中正區開封街1段20號4樓

電　　話：(02)2331-1675　傳真：(02)2382-6225

劃撥帳號：18995335　　　戶名：蘭臺出版社

網路書店：http://store.pchome.com.tw/yesbooks/
　　　　　博客來網路書店、華文網路書店、三民書局

E-mail：books5w@gmail.com 或 lt5w.lu@msa.hinet.net

總 經 銷：成信文化事業有限公司

香港總代理：香港聯合零售有限公司

地　　址：香港新界大蒲汀麗路36號中華商務印書館大樓

電　　話：(852)2150-2100　傳真：(852)2356-0735

出版日期：2011年二月初版

定　　價：新台幣360元

ISBN：978-986-6231-20-9